Les capitalismes
à l'épreuve de la pandémie

Robert Boyer

Les capitalismes à l'épreuve de la pandémie

La Découverte

L'édition de cet ouvrage a été assurée par Pascal Combemale et François Gèze.
Pour les références de certains documents cités disponibles en ligne, les adresses url correspondantes sont données dans la bibliographie dans leur version raccourcie produite grâce au site non marchand <https://frama.link>.

Composé par Facompo à Lisieux
Création graphique de la couverture : Valérie Gautier
Dépôt légal : octobre 2020

ISBN 978-2-348-06583-5

Remerciements

Cet ouvrage n'aurait pas vu le jour sans les encouragements et la diligence de Jacqueline Jean, qui a été présente à toutes les étapes de cette course poursuite entre les processus déclenchés par l'irruption de la covid-19 et leur intelligibilité par un retour sur l'histoire et la mobilisation de quelques-unes des grandes approches de la socio-économie. Sans l'aide et les conseils de Pascal Combemale et la mise au point du manuscrit par François Gèze, le texte n'aurait pas la lisibilité qu'il a ainsi acquise.

Introduction

Comprendre comment le passé conditionne le futur

> « Les hommes font leur propre histoire, mais ils ne la font pas arbitrairement, dans les conditions choisies par eux, mais dans des conditions directement données et héritées du passé. La tradition de toutes les générations mortes pèse d'un poids très lourd sur le cerveau des vivants. »
>
> Karl MARX et Friedrich ENGELS,
> *Le 18 Brumaire de Louis Bonaparte*, 1852.

> « La révélation foudroyante des bouleversements que nous subissons est que tout ce qui semblait séparé est relié, puisqu'une catastrophe sanitaire catastrophise en chaîne la totalité de tout ce qui est humain. Il est tragique que la pensée disjonctive et réductrice règne en maîtresse dans notre civilisation et tienne les commandes en politique et en économie. »
>
> Edgard MORIN, *Le Monde*, 19-20 avril 2020.

Une analyse en temps réel d'un événement aussi exceptionnel et inattendu que la pandémie de la covid-19 est-elle concevable ? Le pari du présent ouvrage est de rendre intelligible un événement qui a été qualifié de « sans précédent », à l'origine d'une crise plus grave encore que celle de 1929 (figure 1[1]). Une crise est un moment critique à l'issue duquel

1. L'ensemble des figures, tableaux et graphiques associés à cet ouvrage (et cités dans le texte) est accessible sur cette page Web : <http://robertboyer.

une économie surmonte ses contradictions en se transformant, ou s'effondre. C'est donc un moment et non un état permanent. La grande dépression de 1929 à 1933 fut une crise, car elle a marqué la fin d'une production de masse sans consommation de masse, faute d'arrangements institutionnels adéquats. En septembre 2008, l'éclatement de la bulle spéculative sur l'immobilier et ses produits dérivés entraîna le complet blocage du système financier américain. Ce brusque retour de fortune avait semé la panique puisque, pendant quelques semaines, les financiers de Wall Street crurent réalisé le pronostic de Marx, la fin du capitalisme… avant d'être sauvés par l'État.

Rien de tel en mars 2020, car la séquence est tout autre. Pour éviter une crise sanitaire – une mortalité par manque de moyens médicaux dans les hôpitaux –, un grand nombre de gouvernements décident l'arrêt de l'économie – à savoir de toutes les productions non essentielles. L'apparition de ces deux « cygnes noirs », la pandémie et le gel de l'économie, déclenche un début de panique boursière – arrêt momentané des transactions. Un plan massif de soutien au revenu des salariés et des garanties de crédit pour les entreprises et un complet relâchement de l'accès au refinancement des banques centrales, tout particulièrement aux États-Unis, soutiennent l'économie et enrayent la panique financière. Les inquiétudes se reportent sur la soutenabilité des dettes publiques.

Recourir au terme de crise pour ces différentes séquences induit en erreur, car cela suggère que les politiques mobilisées en 2008 pourraient répondre à la situation alors que les causalités sont aux antipodes. Une erreur de diagnostic induit le fourvoiement des politiques.

---

org/download/Annexes-livre-Boyer-2.pdf>. Pour ne pas alourdir la lecture, ils n'ont pas été repris ici, mais ils constituent autant de supports didactiques et pédagogiques pour expliciter certains raisonnements importants sous forme graphique, tableau ou figure. À ce titre, ils pourront notamment être utiles aux enseignants en sciences économiques et politiques, à l'université comme au lycée.

Face à une configuration inconnue des théories économiques, revenir à l'histoire

Les économistes s'attachent à formaliser le fonctionnement d'économies de marché structurellement stables. Ils se sont rarement intéressés aux processus par lesquels se sont construites les règles du jeu, les institutions et organisations dont la conjonction assure la résilience d'un régime socio-économique. Leur incompréhension de la longue dépression qui a suivi en Russie l'effondrement du régime soviétique témoigne de cette lacune. Or, toutes proportions gardées, c'est bien la question posée par la sortie du coma infligé aux économies pour tenter d'enrayer la pandémie : comment reconstituer un système économique fonctionnel à partir de composantes hétérogènes et déconnectées les unes des autres ? Faute d'un retour à l'histoire, chacun va proposer une approche normative en fonction de ses préférences doctrinales ou idéologiques.

Pour faciliter la reprise, il faut supprimer les impôts de production, demandent les organisations patronales. Il faut rétablir l'impôt sur la fortune et instituer une taxation, transitoire ou même permanente, sur les hauts revenus et cheminer vers plus de justice sociale, proposent les chercheurs et mouvements de gauche. D'autres proposent de « tout reprendre à zéro » : prendre enfin au sérieux la menace d'effondrement écologique et prolonger la décroissance dont le confinement a montré la possibilité sous la menace du coronavirus.

La destruction des capacités de production et des idéologies est-elle si importante que soient ouverts tous les futurs car seraient rompues la plupart des déterminations héritées du passé ? L'avertissement de Marx et Engels mis en exergue de cet ouvrage invite à explorer le legs des deux dernières décennies par un retour à l'histoire. Le propos n'est pas ici de participer au grand concours d'idées ouvert par la pandémie, mais d'adopter une démarche résolument analytique qui explicite les différents processus, économiques, financiers, sociaux et surtout politiques qui se déploient depuis la covid-19 et qui, de fait, façonnent les sorties de la crise sanitaire. Armé d'une meilleure perception des évolutions à l'œuvre, le lecteur pourra se former une opinion sur ceux des projets de société qu'il entend défendre en tant que citoyen. Mieux comprendre la situation présente n'est en rien un obstacle à sa transformation.

La pandémie intervient dans une conjoncture marquée par la difficile sortie de la crise de 2008, qui n'a pas débouché sur un retour à un encadrement strict de la finance. Au contraire, elle a impliqué le maintien de taux d'intérêt quasi nuls pour stimuler l'activité économique, ouvrant ainsi une période sans précédent dans l'histoire financière. Telle est la source d'emballements spéculatifs récurrents – en l'occurrence sur le pétrole et les matières premières – dans les sociétés dominées par la financiarisation. C'est la source d'une montée continue des inégalités, alimentées par l'envol des revenus du capital et la précarisation de l'emploi. Au début de l'année 2020, les responsables politiques ne peuvent imaginer qu'un virus puisse arrêter ces puissantes dynamiques.

Certes, des spécialistes de la santé publique avaient tiré de l'observation du SARS et du H1N1 la conséquence qu'il fallait se préparer au retour d'épidémies dont la probabilité augmentait avec la mobilité internationale. Le message fut reçu en Asie, mais non aux États-Unis ou en Europe. Au contraire, très généralement, les gouvernements ont cherché à limiter la croissance du coût de la santé, quitte à sous-investir dans les équipements de base de lutte contre les épidémies. Le désarroi est grand lorsque la rapide progression des infections oblige à des mesures radicales – le confinement – faute d'avoir prévu et préparé les moyens d'une stratégie efficace : tester, tracer et isoler. Ainsi l'histoire des politiques passées façonne très largement les choix ouverts aux différents gouvernements en 2020. Ce phénomène d'hystérésis est essentiel pour comprendre l'inégale létalité de la pandémie selon les grandes zones de l'économie mondiale et entre pays géographiquement proches (la France et l'Allemagne par exemple). Les configurations institutionnelles importent et définissent autant de trajectoires nationales.

La décision de nombreux gouvernements de donner la priorité à la défense des vies humaines par rapport à la poursuite de la normalité économique inverse la hiérarchie traditionnelle instituée par les programmes antérieurs de libéralisation, qui avaient affaibli le système de santé. Cet inattendu et brutal changement précipite une série d'ajustements qui parcourent toute la société : panique boursière, effondrement du prix du pétrole, arrêt du crédit, réduction de la consommation, volatilité des taux de change, abandon de l'orthodoxie budgétaire, etc. Autant de phénomènes qu'il convient d'analyser simultanément et non plus au sein d'approches distinctes.

Sortir de la crise de la covid-19 suppose que ces cercles vicieux soient stoppés par des interventions publiques bien conçues. Tel est le fil directeur qui parcourt l'ensemble du présent ouvrage : une immersion de l'économie dans les processus sanitaires, sociaux et politiques, c'est-à-dire une intégration de la discipline économique dans les sciences sociales.

La covid-19, impitoyable analyseur des sociétés

La nouveauté de la covid-19 a d'abord mis en lumière l'incapacité des commentateurs et des acteurs eux-mêmes à trouver les mots pour représenter la situation qu'ils devaient décrire ou affronter. Après la guerre au terrorisme était-il éclairant de déclarer la guerre à un virus ? Était-il pertinent de qualifier de récession, à savoir un retournement endogène du cycle économique, ce qui est en fait une décision politique et administrative d'arrêt de toutes les activités non nécessaires à la lutte contre la pandémie et la vie quotidienne ? Rien n'illustre mieux la nouveauté de la situation qu'une comparaison des causalités à l'œuvre respectivement lors de la grande récession initiée en 2008 et le gel de l'économie en mars 2020 (chapitre 1).

La même facilité s'est observée dans l'abus des adjectifs « sans précédent », « inédit » ou encore « plus grande crise depuis un siècle ». En fait les pandémies n'ont cessé de se renouveler, posant chaque fois des problèmes qui dépassaient les connaissances scientifiques de l'époque et la capacité d'action des autorités publiques. Pourtant, avec la succession des pandémies, un certain nombre de régularités régissent les relations entre médecine, économie, pouvoir politique et religion. Ainsi en 1346 à Gênes les commerçants se rebellent contre le maintien par les responsables politiques des mesures de santé publique qui ruinent leurs affaires. Soit une configuration typique de la situation observée en mai 2020 dans ceux des pays qui lèvent progressivement les mesures de confinement, mais pas assez rapidement au gré des entreprises. On apprend aussi de l'histoire que les pandémies ont un impact durable sur l'économie à l'horizon de plusieurs décennies, ce qui devrait tempérer l'optimisme des gouvernements populistes qui entendent promouvoir un rapide retour à la normale. De plus, certaines d'entre elles ont été les vecteurs d'innovations conduisant à de nouveaux régimes socioéconomiques (chapitre 2).

Non-spécialistes et responsables politiques ont pu croire que les considérables et incontestables avancées de la biologie permettraient une rapide maîtrise de la covid-19. C'était ignorer l'avertissement des chercheurs en virologie : il n'est pas de virus type, chacun a des caractéristiques qu'il faut découvrir en même temps qu'il se diffuse. Les autorités ont donc dû prendre des décisions à longue portée face à une incertitude radicale portant sur les caractéristiques de ce nouveau virus : sa propagation, ses mécanismes, ses antidotes, de possibles vaccins. Dès lors comment décider aujourd'hui alors que l'on sait que l'on ne sait pas encore ce que l'on finira par savoir après-demain, hélas trop tard ? Adieu au calcul économique rationnel ! Il en résulte un mimétisme général : mieux vaut se tromper tous ensemble qu'avoir raison tout seul. Ainsi les gouvernements se copient les uns les autres et ils finissent par se référer à un même modèle de diffusion de la pandémie. Les financiers se contentent d'investir dans des fonds qui miment un indice boursier puisqu'ils n'ont pas l'information pertinente pour évaluer les actifs financiers. De même les gouvernements imprévoyants doivent innover par des mesures qui n'ont pas de précédent, ce qui ajoute une seconde incertitude radicale car personne n'en connaît leur impact final.

Voilà quelques-unes des raisons du caractère heurté des décisions publiques et des contradictions qui traversent les discours officiels. Cette prégnance de l'incertitude a une conséquence importante en matière de responsabilité : lorsque *ex-post* les stratégies qui se sont révélées les plus efficaces seront connues, les citoyens lésés par un traitement inadéquat de la pandémie pourront-ils porter plainte contre l'administration de la santé ou même les politiques (chapitre 3) ?

Vers la primauté du développement humain ? Un optimisme à tempérer

La décision de quasi-arrêt de l'économie risquait de mettre en faillite les entreprises les plus fragiles et de paupériser les plus faibles, de sorte qu'elle doit s'accompagner de mesures de soutien aux résultats des entreprises et aux revenus des salariés. En France, l'apport massif de l'État rompt avec le projet d'un retour à l'équilibre des finances publiques : c'est l'impératif de santé publique et l'urgence, si ce n'est la panique, qui justifient cette réappréciation de la doctrine gouvernementale.

Mais l'espoir d'une rapide victoire sur le virus est déçu et il faut prolonger les mesures sanitaires, donc l'effort budgétaire, alors qu'au fil des semaines du printemps 2020 se succèdent les budgets rectificatifs et que les prévisions de chute du PIB deviennent de plus en plus noires. Le coût des morts évités ne devient-il pas excessif par rapport aux pertes de revenus de l'ensemble de la population ? La vie humaine, qui semblait n'avoir aucun prix, a un coût. En effet, des secteurs entiers sont proches de la faillite (tourisme, restauration, transports aériens, spectacles) et leurs organisations professionnelles demandent un retour à une activité économique plus normale. Laquelle ne peut être celle qui prévalait en 2019, car les barrières à la propagation du virus pèsent sur la productivité, les coûts et la rentabilité.

En juin 2020, les gouvernements ont à arbitrer en fonction de l'évolution de la pandémie et des pressions des entreprises et des professions, de façon explicite et non plus implicite comme ce fut le cas en mars 2020. Pourtant, une sortie durable de ces difficultés ne peut provenir que d'une victoire sur le virus par la découverte puis la diffusion de thérapies efficaces et de vaccins. Le temps du virus continue à gouverner celui de l'économie et la finance s'impatiente, car à ses yeux la découverte de vaccins tarde. C'est une autre incertitude qui pèse sur le retour à une économie fonctionnelle. Pour compliquer encore les décisions gouvernementales, de nombreux citoyens craignent que les lois d'urgence sanitaire ne soient qu'une étape dans la réduction des libertés et des droits individuels, menace que renforcerait une centralisation des informations individuelles à des fins de suivi des épidémies (voir chapitre 4).

Cette prise de conscience de la fragilité humaine pourrait marquer une inflexion durable dans les priorités que se donne une société : accumuler du capital ? Renouveler sans cesse les biens de consommation en obsolescence rapide ? Ou encore servir un « progrès technique » sans fin si ce n'est du fait de l'épuisement des ressources naturelles ? Dans les sociétés qui ont vaincu la pauvreté, une vie en bonne santé ouverte sur la culture et la formation des talents ne devient-elle pas un souhait réalisable et attirant, comme l'avançait déjà Keynes dans l'entre-deux-guerres ?

Les débats sur les moyens de contrôler les dépenses de santé, les préoccupations autour de l'adaptation de l'école aux demandes des citoyens et les sombres perspectives des industries de la culture à l'époque des pandémies sont autant de facteurs qui désignent en creux ce que pourrait être un mode de développement « anthropogénétique », fondé sur la production de l'homme par le travail humain. Logiquement, si l'émotion créée par la covid-19 se révélait durable, la pandémie pourrait marquer une prise de conscience, que les nouvelles approches du développement ont déjà balisée mais qui a été longtemps retardée : la recherche du bien-être devrait devenir la pierre angulaire des sociétés (voir chapitre 5). Dans le reste de l'ouvrage, je tempère toutefois ce pronostic optimiste car, du passé, la covid-19 ne fait pas table rase. Souvenons-nous de l'adage : « Il faut que tout change pour que rien ne change », spécialement dans la distribution du pouvoir au sein des sociétés et entre elles à l'échelle internationale.

D'un côté, la covid-19 a d'ores et déjà changé nombre de comportements et pratiques : la structure de la consommation a enregistré les risques des relations en face à face ; le travail s'est numérisé, permettant une déconnexion tant temporelle que géographique des tâches qui produisent un service ; la mobilité internationale des personnes a été durablement entravée ; et les chaînes de valeur à l'échelle internationale ne sortiront pas indemnes des efforts de reconquête d'une certaine souveraineté nationale sur la production de biens réputés stratégiques. Les modes de régulation vont en être transformés, avec peu de chances d'un retour au passé.

D'un autre côté, la covid-19 a accéléré deux des tendances observées depuis la décennie 2010. D'une part, après beaucoup de tâtonnements, un puissant capitalisme de plateforme, centré sur l'exploitation de l'information sous toutes ses formes, est né aux États-Unis et a commencé à conquérir le monde, au point de devenir transnational. Dans la crise sanitaire, il a montré sa puissance en maintenant l'activité du e-commerce grâce à ses algorithmes dopés par l'intelligence artificielle et sa logistique, en proposant des informations en temps réel sur toutes les activités, en facilitant travail et enseignement à distance, explorant des voies d'avenir ouvertes dans de nouveaux secteurs (véhicules autonomes, exploitation commerciale de l'espace, télémédecine, équipements médicaux). Pour leur part, les financiers parient sur leur succès à long terme dans le contexte d'un déclin de l'économie traditionnelle. Ce capitalisme transnational invasif semble bien être sorti économiquement encore plus puissant de la crise sanitaire.

Mais celui-ci a aussi suscité sa contrepartie dialectique : une myriade de capitalismes à impulsion étatique qui, poussés par les laissés-pour-compte de l'ouverture des économies, entendent défendre les prérogatives de l'État-nation, y compris dans le domaine économique. Au fur et à mesure que les bénéfices de la globalisation s'estompaient, se sont multipliés divers types de capitalismes étatiques. Leurs gouvernements sortent idéologiquement renforcés de la pandémie, qui a réhabilité le rôle protecteur des frontières. Ainsi s'explique la citation par laquelle s'ouvre l'ouvrage : alors que beaucoup d'observateurs anticipent une concurrence entre toute une gamme de nouveaux mondes, s'affirme la domination de capitalismes qui se sont constitués depuis les années 2000. En l'occurrence, le passé qui conditionne le futur est moins celui des représentations et des idéologies que celui de la concentration des informations, du capital, des profits, du pouvoir économique convertible en pouvoir sur les États-nations faibles (voir chapitre 6).

Face au risque d'effondrement des relations internationales, réenchâsser l'économie dans la société

Cette présentation ne peut manquer de susciter une objection de bon sens : comment deux régimes aussi opposés peuvent-ils coexister ? De fait, leur interaction met en péril la viabilité des relations internationales, déjà menacée dès lors que le pays hégémonique qui avait conçu et imposé le système de Bretton Woods, les États-Unis, en sont devenus le plus violent critique et destructeur, en remplaçant les règles et organisations multilatérales par le jeu de rapports de forces bilatéraux, en tout premier lieu avec la puissance montante qu'est la Chine. Ce sont leurs interactions stratégiques qui détermineront si les relations internationales vont se disloquer. La covid-19 a encore accru la probabilité d'un tel scénario.

La force du chacun pour soi est contagieuse au point de mettre en péril plus de soixante ans de construction européenne. Après une période d'indécision face à la menace d'éclatement que représentait la divergence des réponses nationales à la covid-19, le danger politique que représenterait la fin de l'euro a été clairement perçu. La relance de la Commission européenne du 27 mai 2020 est bienvenue et ambitieuse : ajouter un principe de solidarité à celui de concurrence sur un marché unique. Européens du nord et du sud parviendront-ils à un compromis ? Rien n'est moins sûr, car le nationalisme continue à gagner du terrain (voir chapitre 7).

Quelle qu'en soit l'issue, la covid-19 aura rendu plus modestes les économistes, en les sensibilisant aux apports multiples des autres disciplines des sciences sociales (voir tableau I). Ils sont bien armés pour conseiller comment devrait idéalement fonctionner une économie de marché, mais ils sont moins au clair pour analyser le processus d'accumulation qui est au cœur de la dynamique des capitalismes.

Les crises sont analysées comme des chocs exogènes : les économistes devraient donc exceller dans l'analyse des conséquences de la pandémie, effectivement venue d'ailleurs. Mais ce n'est pas le cas, puisque l'arrêt de l'économie a mis à mal la plupart des arrangements institutionnels et les règles qui assuraient, sans qu'on en prenne conscience, une coordination efficace : la sécurité sanitaire, la confiance dans les autorités publiques, la prévisibilité des marchés, les complémentarités sectorielles, la synchronisation des temps sociaux – école, transport, travail, loisir –, un cadre juridique qui définit les responsabilités des décideurs en situation d'incertitude radicale. Ce sont autant de variables qui dépassent le seul champ économique pour impliquer les diverses disciplines des sciences sociales. En termes pratiques, s'il est facile d'arrêter l'activité, c'est une tout autre tâche de la relancer. La pandémie a aussi mis en évidence comment la croyance en la vertu des marchés a progressivement débilité les compétences et capacités d'action collectives, en particulier *via* l'État central et les entités locales. Cette lacune risque de rendre longue et difficile la sortie de la crise de la covid-19 (voir chapitre 8).

Il n'est pas possible de prévoir l'issue de ce double défi concernant le devenir des relations internationales et la capacité à reconstruire des systèmes économiques résilients face à la récurrence des pandémies. Les déterminismes du passé ont cédé la place aux affrontements stratégiques.

1

Analyser un événement déconcertant

> « Mal nommer les choses, c'est ajouter au malheur du monde. »
>
> Albert Camus (1913-1960), *Poésie 44*, janvier-février 1944.

Le propos du présent chapitre est d'abord de lever les ambiguïtés sémantiques concernant la « crise du coronavirus », car elles sont autant d'obstacles à sa compréhension. Il est ensuite de montrer comment les outils d'une théorie forgée pour rendre compte des continuités et nouveautés des crises qui se succèdent dans l'histoire permettent une première caractérisation des enchaînements dramatiques observés depuis décembre 2019, date de la reconnaissance à Wuhan d'un virus inconnu. En conséquence, comparaison n'est pas raison : les décisions de confinement des populations ne sont en rien l'équivalent de l'éclatement de la bulle spéculative qui conduisit en septembre 2008 à l'effondrement du système financier américain. Il importe donc de proposer quelques hypothèses de base pour analyser les ressorts d'évolutions surprenantes par référence aux grandes crises du passé. Enfin, la pandémie intervient dans des économies marquées par des déséquilibres et tensions qui témoignent des transformations structurelles intervenues depuis les programmes de sauvetage des économies après la crise de 2008.

Un vocabulaire impropre, hérité des crises du passé

Déjà dans les années 1930, les contemporains avaient longtemps hésité avant de qualifier ce qui est passé dans l'histoire comme la « grande dépression » de l'entre-deux-guerres. Une perplexité équivalente prévalait au printemps 2020 (tableau 1.1). Ainsi, l'agence Bloomberg annonçait le 29 avril 2020 : « La chute du PIB américain de 4,8 % au premier trimestre marque l'entrée en récession après onze années d'expansion. » Or le terme récession évoque le passage endogène du ralentissement de la croissance à sa réduction pendant plus de deux trimestres, selon la définition canonique du National Bureau of Economic Research (NBER), organisme de recherche privé américain. Rien de tel avec la décision des gouvernements d'arrêter toutes les activités économiques non essentielles pour tenter de contenir la diffusion de la covid-19. Il serait plus juste de parler de « congélation » de l'activité économique, car la cause est la réponse politique à une menace sanitaire.

Même approximation douteuse dans la caractérisation de plans gouvernementaux, dits « de stimulation », alors que ce sont des programmes d'indemnisation des entreprises et de soutien aux revenus des familles. Pour montrer leur détermination, les gouvernements reprennent la rhétorique volontariste qui permit de surmonter la crise de l'euro : ils sont prêts à intervenir « quoi qu'il en coûte » (*whatever it takes*). En 2008, le soutien de l'État à des entreprises financières en banqueroute fut crucial pour un retour de la confiance puis de l'activité économique et finalement de l'emploi. Mais, en 2020, l'explosion des dépenses publiques et le laxisme des banquiers centraux n'ont constitué qu'un « soin palliatif » à un blocage, conséquence d'une crise sanitaire. La surmonter suppose le succès des recherches des épidémiologistes, des médecins et des biologistes qui ne reçoivent au demeurant qu'une part modeste des aides publiques.

Depuis la consécration du rôle crucial des banquiers centraux dans le pilotage des anticipations des acteurs de l'économie et tout spécialement des financiers, les responsables politiques se sont attachés à gouverner par la parole, au point de croire parfois aux prophéties autoréalisatrices. Malheureusement, les virus n'ont pas le bon goût de répondre aux projets, y compris électoraux, des présidents et chefs de gouvernement. En conséquence, les citoyens leur demandent de tenir leurs promesses concernant la dotation du secteur de la santé en moyens nécessaires à la lutte contre la pandémie (masques, tests, équipements hospitaliers...). Or, dans nombre de pays, l'opinion publique a constaté que la capacité organisationnelle de l'État n'était pas à la hauteur des enjeux.

Les qualificatifs de « sans précédent », « inédit », « inouï » sont constamment revenus chez les analystes préposés aux commentaires à chaud de l'actualité pandémique. Les historiens sont restés plus prudents, car ils ont mis au jour nombre de régularités quant aux relations entre pandémie, transformation de l'État et dynamique économique. Et, de fait, pour guider l'action publique, il est essentiel de mobiliser les problématiques permettant de penser à la fois la répétition de certains mécanismes que leurs recombinaisons en des configurations sans cesse renouvelées, sous l'effet des changements institutionnels, techniques, économiques et politiques (tableau 1.1).

Mais, dans le contexte d'économies paralysées par de géantes quarantaines et par la crainte, si ce n'est parfois la panique – même les Premiers ministres, les P-DG et les *traders* peuvent être atteints par le virus et en mourir –, a volé en éclats la commode hypothèse d'un équilibre économique. La désarticulation des offres et des demandes a entraîné de multiples processus qui, loin de converger vers un nouvel équilibre, ont approfondi les risques de pénurie, provoquant l'instabilité des marchés boursiers, donc l'arrêt des projets s'inscrivant dans le temps long : dans tous les domaines, se sont diffusées les stratégies de « Sauve qui peut ! ». C'est ce qu'ont visé à enrayer les immenses plans de soutien gouvernementaux, lesquels ne pouvaient donc pas être éclairés par le retour à une macroéconomie prékeynésienne, fondée sur les automatismes postulés par les théories, hier dominantes, d'une économie de marché.

Autre rupture par rapport à l'analyse de régimes stabilisés, le principe de rationalité économique s'applique aux périodes où des anticipations informées peuvent être forgées. Rien de tel face aux effets d'un virus dont les chercheurs et praticiens ne découvrent que progressivement les propriétés les plus essentielles. Il faut raisonner en situation d'incertitude et admettre que l'on ne connaît pas la solution optimale. Les décisions, tant privées que publiques, doivent se fonder sur une autre rationalité, limitée, à partir d'un raisonnement informé par le contexte historique et institutionnel propre à chaque sphère d'activité. De ce fait, toute analyse doit être située dans le temps et l'espace, car rares sont les régularités dotées d'universalité. En l'occurrence, les décideurs politiques ont eu à naviguer entre trois impératifs difficiles à concilier : la défense de la santé de la population, le maintien d'une activité économique pour satisfaire les besoins les plus essentiels et, enfin, la légitimité qui résulte de l'assentiment des citoyens.

C'est à ce stade qu'intervient la notion de hiérarchie entre formes institutionnelles et sphères d'activités. Depuis les années 2000, la sphère financière avait tendu à imposer ses représentations. Mais, en 2020, l'irruption de la pandémie a rappelé que la préservation de la vie et de la santé était une précondition de la prospérité économique et que, par ailleurs, une finance de marché sans activité économique était un oxymore. La brutalité de ce renversement a rendu obsolètes les représentations de la plupart des acteurs : les *traders* étaient perdus, les innovateurs des start-up ont dû réviser leurs projets et les économistes ont été forcés de reconnaître que la nouvelle configuration ne trouvait aucune explication conforme aux canons de leur discipline.

Et c'est bien pourquoi il faut réinsérer les processus économiques dans l'ensemble de ceux qui structurent la société, traversent l'espace politique, celui des médias et bien d'autres champs encore, dont le droit. Souvent, sous le capitalisme, l'économie impose sa logique, mais tel n'est plus le cas lors des guerres, des grandes crises économiques ou des pandémies. L'approche proposée par la théorie de la régulation a développé une typologie des crises qui rend compte de leur variété dans l'histoire longue : chaque société connaît les crises de sa structure (Boyer, 2015). Dans les économies dominées par les rapports capitalistes, les crises se succèdent mais se répètent rarement à l'identique, car elles résultent d'articulations toujours renouvelées de processus sociaux, politiques, économiques et, finalement, financiers.

Moins l'effet de la diffusion du virus que de la décision de confinement

Il faut partir de l'événement à l'origine des nouvelles incertitudes : l'émergence d'un virus par transmission d'un animal à l'homme, détectée et annoncée comme telle à la fin 2019 par les autorités chinoises. L'intensité de la mobilité internationale diffuse le virus, vite identifié par les chercheurs. Il faut donc abandonner l'idée d'un moment « à la Minsky » – du nom de l'économiste étatsunien spécialiste des crises financières Hyman Minsky (1986) –, qui se manifeste lorsque éclate un emballement spéculatif en bout de course. On peut songer plutôt à un retour à Malthus, puisque la morbidité et la mortalité de la population viennent réduire la production, y compris des biens les plus essentiels.

Pourtant, ce n'est pas ce mécanisme essentiel qui a été à l'œuvre, tout au moins dans les sociétés riches : faute d'avoir pu contrôler les premiers cas d'infection, la croissance explosive de la diffusion du virus a conduit la plupart des gouvernements à prendre des mesures de plus en plus strictes de fermeture des lieux publics, jusqu'à décider le confinement de tous ceux qui ne participaient pas à la production et la distribution des services et des biens essentiels (figure 1.1). Il s'est ensuivi l'arrêt brutal de pans entiers de la production et de la demande, par décision politique, au nom de la préservation des vies humaines. C'est une remarquable inversion des valeurs et des objectifs implicites de nombre de sociétés : la santé avant l'économie.

Étant donné les interdépendances tant sectorielles que géographiques, en a découlé une série d'effets dominos. Le quasi-arrêt des transports et de la plupart des activités industrielles a provoqué une chute brutale de la demande d'énergie, donc des prix du pétrole. Ce mouvement a fragilisé les compagnies pétrolières, qui ont suspendu leurs investissements, d'autant plus que les banques doutaient de leur santé économique. Ainsi le stress s'est déplacé du côté des banques, tant commerciales que d'investissement, qui ont dû réduire leur recours au crédit. D'où des ventes de panique sur la Bourse nord-américaine, mouvement qui s'est diffusé immédiatement au reste du monde. L'arrêt momentané, mais répété, des cotations à Wall Street a témoigné de ce brutal réajustement des vues sur l'avenir : la perception de l'effet dévastateur de la covid-19 sur la production et l'emploi est devenue la source de cette nouvelle crise financière.

Les banques centrales ont dû alors intervenir pour stopper une course à la liquidité porteuse d'un effondrement du système de paiement. L'enjeu était de garantir les crédits des entreprises de l'économie réelle et non pas les actifs risqués des banques d'investissement, comme ce fut le cas en 2008. Mais l'outil monétaire a vite montré ses limites, car il ne couvre que très indirectement les risques auxquels font face les entreprises et les salariés. L'année 2020 a donc été marquée par l'affirmation du retour de l'État à travers les dépenses publiques ciblées sur le soutien du revenu, l'octroi de garanties de crédit pour les entreprises, l'exemption d'impôts et de cotisations sociales ; mais aussi par des décisions de fermeture des frontières et de mesures protectrices de la production domestique, par exemple par l'interdiction d'exportation des biens médicaux stratégiques dans la lutte contre la pandémie. Simultanément, ces mêmes gouvernements sont apparus en compétition sur le marché mondial pour surenchérir dans l'acquisition des masques, ventilateurs et médicaments, devenus centraux dans le traitement des malades affluant dans les services d'urgence.

Bref, le « chacun pour soi » a été la conséquence paradoxale d'une pandémie qui aurait pourtant appelé une réponse coordonnée à l'échelle internationale : l'Organisation mondiale de la santé n'a-t-elle pas été créée dans ce but ? De fait, elle est loin de disposer du pouvoir dont jouissent le Fonds monétaire international, la Banque mondiale ou même l'Organisation mondiale du commerce. Et cette faiblesse a pesé sur les difficultés de la période.

Ne pas se fier aux cadres conceptuels hérités des précédentes crises

Au printemps 2020, gouvernements et organisations nationales publient leurs statistiques relatives à la contraction de la production et aux demandes d'indemnisation du chômage aux États-Unis ou du temps partiel en France (OCDE, 2020 ; OFCE, 2020). Le 30 avril 2020, la Banque centrale européenne envisage ainsi divers scénarios en fonction de l'évolution de la pandémie, impliquant une chute en données annuelles du PIB de l'Union européenne de – 5 % à – 12 %. Et les discussions tournent alors souvent autour de la question : « La crise sera-t-elle plus sévère que celle de 2008, voire pire que celle de 1929 ? » Pour y répondre, l'analyse rétrospective de plusieurs grandes crises fournit un enseignement majeur : dans le capitalisme, les crises économiques et financières se répètent mais ne se ressemblent pas – il faut ainsi oublier la référence à la grande récession de 2008. Au moins quatre traits distinctifs ont caractérisé les réactions des décideurs (voir figures 1.2 et 1.3, tableau 1.2).

À partir de janvier 2020, les réactions à la crise ont d'abord mis en jeu certains des processus déjà observés lors des précédentes crises, mais pas tous – il n'y a par exemple pas eu de paniques boursières à répétition ou d'adoption de brutales politiques protectionnistes comme lors des dépressions. Et cela alors même que l'articulation de l'ensemble des processus opérant respectivement dans l'économie, la finance, la sphère politique, la société et surtout la santé publique, invitée d'honneur de la nouvelle crise, a été sans précédent.

Pour autant, les processus à l'œuvre dans les différentes sphères n'ont pas eu une égale importance : certains ont été plus déterminants que d'autres, car ils ont imposé leur logique à l'extérieur de leur sphère. La notion de hiérarchie entre formes institutionnelles a pu être transposée à celle régissant les sphères dont se compose une société. La nouveauté radicale du coronavirus a été de bousculer la domination de la finance sur l'économie, de l'économie sur la politique, de la politique sur les choix de santé publique et – ce n'est pas sans importance – de l'égoïsme national par rapport à la constitution de biens publics mondiaux. L'année 2020 a marqué l'entrée dans une grande crise, non pas seulement du fait des pertes économiques en termes de PIB et de paupérisation de certaines fractions de la société, mais aussi et surtout de l'arrivée aux limites de régimes socioéconomiques incapables d'assurer les conditions de leur reproduction à long terme.

Une troisième originalité concerne la question du conflit des temporalités qui traversent les sociétés modernes, mais que la plupart des théories économiques ont négligé. Dans les économies dominées par l'innovation et la globalisation financière (États-Unis et Royaume-Uni), le temps des cotations boursières rythmait et continue à rythmer les espoirs de sortie de la crise sanitaire : qu'une start-up annonce un espoir de médicament (Gilead par exemple) ou de vaccin et voilà que renaît un optimisme déraisonnable. Hélas, la réouverture des économies suppose bien d'autres conditions et évolutions marquées par une temporalité propre, entre autres le retour de la confiance en matière de sécurité au travail et de prévisibilité d'un renouveau de la demande. Le temps de la pandémie n'obéit pas au temps de l'économie, encore moins à celui de la finance. Les acteurs incorporent difficilement cette évidence.

Un quatrième enseignement porte sur le degré de connaissance que les acteurs ont de leur environnement et la possibilité d'évaluer les conséquences de leurs décisions. Au sein d'un régime de croissance stabilisé, il est vraisemblable que les agents forment des anticipations à peu près réalistes en accord avec ce qu'ils ont appris par la succession des cycles économiques rythmant le cours de l'accumulation. Ainsi, la crise de 2008 s'inscrit dans une longue série de crises financières, de sorte que les pouvoirs publics n'étaient pas totalement dépourvus de références en matière de politiques permettant d'enrayer une dépression. Par contraste, en janvier 2020, les connaissances sont embryonnaires car tous les spécialistes ont à découvrir les propriétés de ce nouveau virus. Les décideurs publics ne peuvent donc pas déterminer quelle est la stratégie optimale dans la lutte contre ce dernier. Ils peuvent certes faire retour sur de précédentes pandémies, mais chacune a ses caractéristiques, ses vecteurs et ses thérapies, sans que l'expérience soit pleinement transposable. Face à cette incertitude radicale, la décision relève plus d'un pari informé par le peu de connaissances que du calcul d'une solution optimale. Cette dernière ne sera connue qu'une fois la pandémie vaincue, c'est-à-dire trop tard. Apprendre au fur et à mesure des décisions est moins confortable que de croire en l'existence d'anticipations rationnelles, mais hors de propos en situation d'incertitude portant sur un processus extra-économique.

Les économies n'avaient pas pleinement surmonté les conséquences de la grande crise de 2008

Il faut enfin lever une dernière hypothèse implicite dans beaucoup de conseils de politique économique : celle qu'il faudrait revenir au plus vite au régime de croissance antérieur, supposé être un attracteur que tous les acteurs aspirent à retrouver. En effet, la covid-19 est intervenue dans des économies traversées de déséquilibres et conflits multiples non surmontés. Car les économies développées n'avaient que très partiellement et inégalement surmonté les dégâts de la grande récession : persistance de la stagnation des gains de productivité, récurrence de craintes de déflation comme observé depuis 1990 au Japon, notable décélération de la croissance chinoise dont le regain avait stabilisé l'économie mondiale. Ainsi, les États-Unis avaient enregistré en 2019 onze années d'expansion et les économistes avaient cru, une fois de plus, avoir vaincu les cycles économiques. Les économies de l'Union européenne demeuraient quant à elles traversées par l'opposition entre une relative prospérité du Nord et la persistance d'un fort chômage dans le Sud.

Or ces résultats, au demeurant assez médiocres par rapport au passé, avaient été obtenus par la généralisation de politiques non conventionnelles telles que la monétisation d'actifs toxiques, l'élargissement continu des critères de refinancement par les banques centrales, puis plus récemment l'acceptation de taux d'intervention négatifs. Il faut aussi mentionner, pour les États-Unis, la coexistence d'amples déficits publics avec ceux jamais comblés de la balance commerciale, car compensés par l'afflux de capitaux étrangers attirés par le rendement des placements dans le système financier américain.

Une théorie rendant compte de la viabilité de régimes aussi atypiques reste à inventer : les entreprises, les financiers, les organismes de régulation et les responsables politiques prennent leurs décisions au jour le jour, de façon pragmatique, sans pouvoir se référer à une quelconque théorie éclairant, si ce n'est justifiant, leurs décisions, dont certaines sont lourdes de conséquences. Par exemple, avant le coronavirus, personne ne savait comment sortir d'une économie à taux d'intérêt nul, voire négatif. Prendre conscience que nous explorons un territoire encore inconnu des économistes n'est pas très rassurant pour les contemporains. Cette méconnaissance devrait modérer l'enthousiasme de ceux qui prônent un rapide retour à l'ordre ancien, car c'était plus un fragile bricolage, cachant de grands désordres, qu'un régime socio-économique prometteur.

La décennie 2010 a ainsi été marquée par le divorce entre les hauts rendements des marchés financiers et la médiocrité de la progression de l'économie réelle en termes de revenu salarial et de bien-être des citoyens. De fait, finance et économie ont divorcé. Telle est l'origine de l'explosion des inégalités de revenus et de patrimoines, mais aussi d'influence sur le pouvoir politique, particulièrement aux États-Unis. Ce nouveau cours des inégalités est directement associé aux choix politiques d'une large ouverture internationale sans compensation des perdants dans les sociétés qui ont adhéré au projet de néolibéralisme. À ce titre, il ressort du premier trimestre 2020 que tant le virus que les plans de confinement et de soutien à l'économie ont accentué les inégalités héritées du passé : chômage plus élevé et perte de revenu pour les moins qualifiés, élargissement de la brèche numérique tant pour les entreprises que pour les individus, approfondissement de l'inégal accès à l'école.

Rappelons enfin que privatisation, déréglementation, décentralisation et large diffusion de l'idée pernicieuse selon laquelle l'intervention publique nuit à l'efficacité économique sont autant de causes du sous-investissement du secteur public, au-delà du gonflement des transferts sociaux. Depuis les années 1990, la progression du coût de la santé a par exemple été interprétée, non comme la manifestation du progrès des connaissances médicales et de la demande des citoyens d'une société riche de vivre en bonne santé (voir chapitre 4), mais comme le fruit d'une mauvaise gestion et d'un refus des méthodes modernes de gestion des hôpitaux, dont la taylorisation des pratiques médicales. Qui ne se souvient de la réponse négative du gouvernement français aux demandes réitérées des services d'urgence du secteur public ? Le coronavirus est venu rappeler que la finalité de l'hôpital est de sauver des vies, de guérir des maladies et que des moyens considérables peuvent être nécessaires.

La pandémie appelle donc un aggiornamento de notre vocabulaire, car celui hérité du passé est porteur d'incompréhensions. La nouvelle situation incite à abandonner l'idée selon laquelle l'économie ne traite que du silencieux et automatique ajustement d'offres et de demandes au profit d'une approche qui cerne les articulations entre divers processus opérant dans les différentes sphères : sanitaire, économique, financière et politique. C'est une étape dans une extension de l'approche de la régulation. En 2020, cette situation n'était la répétition d'aucune des grandes crises du passé. Il en résultait une première question à revisiter : quelles relations épidémies, dynamiques économiques et changements de régimes socio-économiques entretiennent-ils ?

2

Pandémies, économies et changement institutionnel

> « La seule question qui reste incertaine est celle de savoir si le capitalisme va disparaître en même temps que le monde qu'il aura détruit, ou s'il n'entrera pas lui-même en crise avant que ses conséquences ne soient devenues irréversibles. [...] En somme, c'est une course de vitesse entre la fin du capitalisme et la fin du monde. »
>
> Michel FREITAG (1935-2009), *in* Gaëtan TREMBLAY (dir.), *L'Émancipation, hier et aujourd'hui*, 2009.

Gouvernements, citoyens, entreprises et financiers, tous scrutent les statistiques de diffusion de la covid-19 avant toute décision, ce qui est une nouveauté par rapport aux précédentes décennies, rythmées par les hauts et les bas des Bourses. Ils se tournent donc vers les spécialistes des pandémies, qui eux-mêmes puisent dans la longue histoire de leur succession. Peut-on tirer quelques enseignements généraux de leur impact sur l'économie ? Si la chute de l'activité économique apparaît souvent sans précédent quant à sa brutalité et son ampleur, est-il légitime de faire l'hypothèse qu'il en est de même pour la covid-19, de sorte que le passé informerait le futur de cette pandémie ? Mais si celle-ci est par définition mondiale, elle est loin de suivre un cours identique dans toutes les sociétés et il est important de comprendre pourquoi. En fait, en dépit de la remarquable réactivité des chercheurs à l'échelle internationale, une grande incertitude pèse sur le devenir de la pandémie. Ainsi s'expliquent les tâtonnements et les essais et erreurs de la plupart des décideurs : tout comme les grandes crises financières, les pandémies se suivent mais ne se ressemblent pas.

Des épisodes qui se répètent mais dont la mémoire s'estompe

Il se peut que les progrès de la médecine aient un temps éliminé l'angoisse d'un retour des épidémies supposées frapper les populations des pays lointains et pauvres. Mais le sida avait été un premier avertissement que renouvelle le coronavirus.

Des durées et des gravités très inégales

Depuis le XIVe siècle, pas moins de quinze grandes pandémies se sont succédé (Jordà, Singh, Taylor, 2020). Elles s'échelonnent de la grande peste qui frappe l'Europe de 1347 à 1352 et qui cause 75 millions de morts, à la grippe espagnole qui dure de 1918 à 1920 et fait 100 millions de victimes. Il est remarquable que leur durée varie beaucoup : près de vingt-deux années pour la deuxième pandémie de choléra qui frappe l'Asie et l'Europe de 1829 à 1851, mais seulement une année pour le H1N1 en 2009. Si l'on fait exception du sida, les épidémies des dernières décennies ont finalement été courtes, limitées à des pays lointains et n'ont fait que peu de victimes.

Il ressort de ces historiques d'abord que chaque épidémie, infectieuse ou virale, pose des problèmes que le savoir médical hérité des précédents épisodes ne permet pas de surmonter, d'où la panique des populations et le désarroi des autorités. Ensuite que nulle régularité ne se dégage quant à la durée de ces épisodes, ce qui brouille l'avenir lorsque éclate une nouvelle épidémie, comme celle de la covid-19. Enfin, le fait qu'Ébola ou le SARS aient été localisés hors de l'Europe et des États-Unis semble avoir donné une confiance excessive aux autorités en charge de la santé : elles pensaient que les progrès de la biologie, de la médecine et des modèles épidémiologiques permettraient d'y faire face sans trop de problèmes. Cette croyance est la victime collatérale de l'essor inattendu d'une épidémie née en Chine.

L'invention des méthodes de lutte contre les pandémies qui persistent dans l'histoire

Quatre types d'acteurs sont au cœur des stratégies de lutte contre les épidémies, ce qui explique la diversité des mesures et dispositifs qui ont été inventés tout au long de l'histoire (Schama, 2020) et que l'on retrouve dans la lutte contre la covid-19 (voir figure 2.1).

C'est dans ces circonstances que les autorités politiques ont à prendre la responsabilité de limiter les pertes humaines. Ainsi, la grande peste qui se propage à Marseille en 1720 enregistre l'invention de dispositifs encadrant la mobilité (attestation de déplacement, voir figure 2.1 *bis*), dont on trouve un lointain écho dans l'attestation de déplacement dérogatoire décidée lors du confinement pour enrayer la covid-19. La biopolitique fait un retour remarqué (Foucault, 1979), mais elle est parfois accompagnée d'une poussée de xénophobie car il a été fréquent d'imputer la catastrophe sanitaire à des travailleurs migrants (les Irlandais dans l'épidémie de choléra en 1882 à New York) ou aujourd'hui la malveillance d'un gouvernement étranger, amenant Donald Trump à stigmatiser le « virus chinois ».

Bien sûr, les *médecins* sont des acteurs clés, puisque c'est des progrès de leurs connaissances que les pouvoirs attendent des solutions à des processus qui les dépassent. N'est-il pas éclairant que, dès la grande peste de Marseille, la municipalité mobilise l'expertise d'un Conseil de santé ? C'est finalement un dispositif équivalent qu'adoptent en 2020 la France et de nombreux pays, y compris les États-Unis. Étant donné l'incertitude des experts, il arrive que le déroulement de l'épidémie conduise à un complet renversement de la stratégie, comme lorsque le pari d'une rapide immunisation de la population cède la place un strict confinement au Royaume-Uni. S'instaure une dialectique entre la recherche d'un fondement scientifique et la traditionnelle autonomie du politique, qui doit arbitrer entre l'impératif de santé publique et celui de l'opinion publique et de l'activité économique. Cette tension peut déboucher sur un conflit ouvert, comme on l'a vu avec les relations entre le docteur Anthony Fauci et le président des États-Unis.

Dès la peste bubonique qui se propage à Gênes en 1346, la préservation de l'activité économique est l'argument que les marchands opposent à la durée de la quarantaine décidée par la ville : *quid* si l'économie locale sort détruite de la victoire sur l'épidémie ? Cette même question se repose aujourd'hui lorsque les pouvoirs publics enregistrent les dégâts du confinement sur la production, l'emploi, les finances publiques et la vie sociale. Alors même que le virus n'est pas vaincu, en mai 2020, la plupart des gouvernements visent un déconfinement progressif en réponse à la demande des entrepreneurs et indépendants qui craignent la faillite au-delà même du soutien de leur revenu par le budget public. On mesure le dualisme des processus qui relient santé publique et économie : préserver la vie par une quarantaine peut créer une pénurie qui à son tour affecte non seulement son acceptation par la population, mais aussi la santé publique.

Les représentations qui sont constitutives des religions interviennent aussi. Au Moyen Âge, il était fréquent que les contemporains perçoivent les épidémies comme l'expression d'un message divin. En 1346 à Gênes, la peste bubonique fut interprétée comme une vengeance divine et cette tentation persiste jusqu'à nos jours : les fondamentalistes juifs tout comme les pentecôtistes brésiliens ont vu dans la covid-19 un message divin appelant un surcroît de dévotion. Et le mythe de la déesse de la terre Gaïa a été parfois mobilisé pour faire de la covid-19 le message adressé à l'humanité par l'écosystème terrestre.

Des effets durables sur les systèmes de santé, sur l'économie et à certaines époques sur la société

À ses tout débuts, la covid-19 a été analysée comme un simple choc transitoire, qui serait rapidement surmonté par de vigoureuses mesures de santé publique. Mais, au fur et à mesure que durait la pandémie, l'hypothèse d'une évolution de la conjoncture économique en V – c'est-à-dire d'un retour au régime socioéconomique antérieur – a perdu de sa crédibilité. Or l'histoire économique est précieuse à cet égard (Bell et Lewis, 2004 ; Schama, 2020 ; Jordà, Singh et Taylor, 2020).

Innovations et transformations des systèmes de santé : des récurrences

Ainsi les épidémies font partie de l'histoire de l'humanité. Pourtant, pour les décideurs, la victoire sur la dernière épidémie en date crée l'illusion de la fin des épidémies grâce aux progrès scientifiques et de santé publique. Certes, les spécialistes continuent à prendre en compte la possibilité de nouvelles épidémies et tâchent même d'en détecter les origines (par exemple la transmission d'un virus d'animaux aux hommes) et la probabilité, mais le principe de précaution cède rapidement la place à celui de contrôle des coûts du système de santé. Les pouvoirs politiques procèdent à des arbitrages budgétaires qui implicitement font l'impasse sur l'irruption d'un nouvel épisode dramatique menaçant la société. Cette séquence s'applique au coronavirus, qui a surpris nombre de sociétés riches dont le système de santé était déjà sous tension.

Un second enseignement traverse l'histoire moderne. Les grandes épidémies sont l'occasion d'innovations en matière de politique et de santé publique (l'invention de la quarantaine, la création de conseils de santé). Lorsque survient une nouvelle menace, la mémoire collective comme l'incorporation dans les institutions réhabilitent et actualisent les procédures correspondantes : le confinement qui est décidé en mars 2020 dans de nombreux pays et la généralisation des conseils scientifiques auprès des présidents et Premiers ministres ont de lointains ancêtres. Ainsi, le difficile arbitrage contemporain entre maintien d'un long confinement pour tenter d'éradiquer la diffusion du virus et nécessité de maintenir la base économique et le lien social n'est pas propre au dilemme créé par le coronavirus. Qu'on se souvienne de la protestation des commerçants génois en 1346 dont la logique n'est pas si éloignée des demandes du Medef d'une relaxation du confinement en France en 2020.

La dialectique entre diffusion mondiale des pandémies et enracinement national des stratégies de lutte parcourt aussi l'histoire. Si dans un premier temps se ferment les frontières et triomphe le mot d'ordre « D'abord mon pays ! », après réflexion une fois surmonté le péril, ressort l'intérêt d'une collaboration internationale en matière de recherche épidémiologique et de coordination des stratégies de lutte contre les futures pandémies. Telle est l'origine de l'Organisation mondiale de la santé. Hélas, les organisations internationales sont souvent, si ce n'est toujours, en retard d'une crise ou d'une pandémie, d'autant plus qu'a précédé une période de tentation d'un repli nationaliste, voire xénophobe. Il est donc discutable d'affirmer que la conjoncture actuelle est totalement « sans précédent » : dans ses conséquences économiques, certainement (voir chapitre 4), mais pas dans le domaine de la santé publique.

Par le passé, des effets à long terme sur l'économie

Avant que ne s'impose le capitalisme d'abord commercial puis industriel, les crises liées au climat et affectant l'agriculture se produisaient de façon récurrente. L'histoire économique les a qualifiées de « crises à l'ancienne ». Dans ce contexte, les épidémies aggravent encore la mortalité associée aux pénuries alimentaires. Les plus graves d'entre elles ont alors la propriété d'affecter la trajectoire de long terme. En première approximation, la mortalité peut atteindre un tel niveau qu'apparaît une pénurie durable de main-d'œuvre, qui fait basculer le pouvoir de négociation des propriétaires vers ceux qui cultivent la terre, de l'homme aux écus vers le travailleur ou l'artisan.

Une recherche suscitée par le coronavirus a procédé à une analyse économétrique sur l'ensemble des pandémies qui ont fait plus de 100 000 morts depuis le XIVe siècle jusqu'à nos jours (Jordà, Singh et Taylor, 2020). Avec toutes les précautions qu'impose un tel exercice d'analyse quantitative de séries longues, il en ressort que l'impact se fait sentir sur près de quatre décennies (voir figures 2.2 et 2.3). Il se confirme que les salariés sortent gagnants de ces grandes épidémies alors que le rendement du capital chute et ne retrouve pas son niveau antérieur même au bout de quarante années. Ces épisodes sont donc des marqueurs de l'histoire économique, de sorte qu'il faut se demander si le coronavirus est susceptible d'entrer dans cette catégorie, ce qui ne sera connu qu'*ex post* tant les pronostics sont hasardeux compte tenu du caractère lacunaire des connaissances sur les caractéristiques de ce nouveau virus. En tout état de cause, l'espérance des économistes d'un rapide retour à une croissance conforme au passé s'estompe à mesure que tarde l'éradication du virus.

Certaines épidémies ont amorcé un changement de régime socioéconomique

Une interprétation de la sortie des régimes féodaux met en avant le rôle du déclin démographique causé par les grandes épidémies dans le progressif basculement du pouvoir au détriment des propriétaires fonciers et en faveur des travailleurs de la terre puis des commerçants. À l'issue d'un long processus, ces nouveaux rapports sociaux se sont cristallisés en un régime économique original : le capitalisme commercial. Il n'est pas évident que le coronavirus ait ce pouvoir, car les structures sociales sont bien différentes, les modes de régulation des pays riches ne reposent plus sur un mécanisme malthusien ; et, plus encore, le confinement gèle l'activité économique et met en péril tout autant le rendement du capital que l'emploi et le revenu des salariés. Il est donc risqué d'anticiper comment la sortie de la crise sanitaire et économique va modifier les relations entre le capital et le travail.

Dans le passé, la conquête de l'Amérique du Sud a été associée à l'importation de maladies qui ont ravagé les populations autochtones et mis fin à des régimes sociopolitiques séculaires et puissants. À nouveau, comparaison n'est pas raison : la transmission du coronavirus opère aujourd'hui par la mobilité internationale des personnes et ce seront sans doute les répercussions du ralentissement de la demande mondiale qui frapperont le plus sévèrement les populations des pays africains et de l'Amérique du Sud.

Le coronavirus : continuités et nouveautés

Du point de vue de la médecine, l'hésitation entre une stratégie d'immunisation de la population par acceptation d'une mortalité importante ou une limitation de l'ampleur de l'épidémie se retrouve en 2020, ce dont témoigne l'exemple anglais. Mais le fait que beaucoup de porteurs du SARS-Cov-2 ne présentent pas de symptômes complique le contrôle de sa diffusion. De plus, la mobilité internationale des individus a entraîné une diffusion très rapide de la Chine à l'Europe, puis aux États-Unis. C'est une double nouveauté par rapport au SARS par exemple. On ne peut donc se caler sur ce dernier pour anticiper le cours du nouveau coronavirus. De plus, la quasi-synchronisation des épidémies fait ressortir le caractère mondial de l'urgence sanitaire.

Dans l'ordre politique, certains gouvernements n'hésitent pas à attribuer une nationalité au virus et un grand nombre de responsables instaurent des contrôles aux frontières, voire les ferment temporairement. Or la Chine est à la fois le lieu d'émergence du coronavirus et la base industrielle de la production de matériel médical (dont les masques que tentent d'acheter les pays européens) et de la majorité des principes actifs des médicaments susceptibles d'être mobilisés pour combattre l'épidémie. Cette contradiction tempère donc les volontés de repli sur l'espace national et de xénophobie à l'égard de la Chine, d'autant plus que le gouvernement chinois pratique une « diplomatie du masque », témoignant ainsi de sa solidarité internationale. On mesure les contradictions qui traversent l'espace mondial. Plus encore, le virus ouvre un front supplémentaire dans la rivalité qui oppose États-Unis et Chine en matière de commerce et de droits de propriété intellectuelle. Nous sommes bien au XXIe siècle, marqué par le déclin de la puissance hégémonique qui avait reconfiguré les relations internationales après 1945 et l'essor d'un pays entendant retrouver sa place dans un régime qui aurait éliminé la centralité du dollar.

C'est dans l'ordre économique que se manifeste le plus clairement ce changement d'époque. La valeur que les sociétés riches accordent à la préservation de la vie humaine – qui tient aussi au refoulement de la mort – conduit à décider un confinement souvent très strict, qui réduit immédiatement demande et production dans des proportions considérables (voir chapitre 1). La quasi-simultanéité de ces politiques est effectivement sans précédent, car c'est le revers de la globalisation appliquée à la politique sanitaire. Une seconde conséquence tient au rôle central des Bourses, spécialement dans les régimes dominés par l'innovation financière : la panique se transmet de pays en pays, car les traders sont à la recherche de ceux qui maîtrisent le moins mal la pandémie (voir chapitre 4). Son traitement énergique par le gel de l'économie suscite trois crises : sanitaire, économique et financière.

À une époque marquée par le retour du religieux, il n'est finalement pas si surprenant que resurgissent des interprétations qui s'éloignent quelque peu de l'explication scientifique : puisque le virus est un message divin, la prière et un regain de foi sont requis pour surmonter l'épidémie. C'est une raison pour s'opposer au confinement au nom de la liberté et des droits humains. On serait tenté, à la suite de Marcel Mauss, de qualifier cette pandémie de « fait social total », au sens où il révèle les diverses institutions et croyances qui structurent une société.

Une forte différenciation des réponses nationales

Alors que le terme de globalisation fut souvent associé à l'hypothèse d'une convergence vers un même modèle de développement, la diffusion du coronavirus souligne au contraire la diversité des sociétés et de leurs réactions à un même événement mondial.

Certaines sociétés apprennent de leurs crises, d'autres non

Face à un virus inconnu, les acteurs du système de santé peuvent puiser dans l'expérience des épidémies passées. C'est d'autant plus pertinent que les organisations sanitaires et politiques ont incorporé certaines des procédures qui ont été développées lors de ces épisodes. À cet égard, on peut montrer comment les histoires respectives de deux pays, Taiwan et la France, ont suscité des stratégies diamétralement opposées (voir tableau 2.1).

Taiwan a été durement touché par l'épidémie du SARS en 2004, de sorte que, pour éviter la répétition de pertes humaines, le gouvernement a créé en 2009 un institut de veille permanente des épidémies. Prévenu dès la fin décembre 2019 du virus apparu à Wuhan, il contrôle les vols en provenance de Chine, suit les voyageurs, décide de quarantaines et procède à une série de tests coordonnés par un centre national, qui peuvent déboucher sur l'isolement individuel. L'interdiction d'exportation de masques, associée à leur centralisation, permet leur diffusion. Expérience passée et décisions précoces évitent la forte mortalité (six morts seulement au 28 avril 2020) qu'avait entraînée le SARS.

En France, c'est le virus de la grippe H1N1 qui en 2009 est le point de départ des décisions de lutte contre les épidémies. Le ministère de la Santé commande alors 1,7 milliard de masques et des dizaines de millions de doses de vaccin, dont on ne trouve finalement pas l'usage car l'épidémie est de courte durée. Les autorités en déduisent que l'on peut réduire ce stock de masques afin de ne pas renouveler ces dépenses coûteuses de prévention. Lorsque survient l'annonce du coronavirus, les masques se chiffrent seulement par centaines de millions, ils sont stockés à divers niveaux de l'appareil administratif et leur production a été abandonnée en France. Il faut en commander en hâte en Chine, alors que tous les pays surenchérissent pour les obtenir (*Le Monde*, 2020a). Les plans publics ne sont activés que fin février et le confinement n'intervient qu'à la mi-mars. Les morts par coronavirus se chiffrent par dizaine de milliers à la fin du mois d'avril 2020. Oubli du principe de précaution et décisions tardives ont cumulé leurs effets.

Mais l'enseignement de cette comparaison est plus général, puisque l'on peut expliquer ainsi la coexistence de trajectoires très contrastées tant dans l'ordre de la lutte contre les pandémies que dans celui de la prévention des crises financières. L'opposition est alors entre les sociétés et les systèmes politiques qui tirent les conséquences de leurs échecs et ceux qui n'incorporent pas ces leçons dans leur organisation (voir figure 2.4).

Comment expliquer l'opposition entre les succès de la Corée, Taiwan et Hong Kong dans la maîtrise du coronavirus et les dramatiques pertes humaines subies par les États-Unis et le Royaume-Uni ? Les responsables des gouvernements des premiers pays ont pris très au sérieux la menace que représentait le SARS, tandis que ceux des seconds ont considéré que cette menace était lointaine et exotique et ne les concernait pas. En conséquence, en 2020, ils ont été pris par surprise et ne disposaient pas de procédures déjà rodées, de sorte qu'ils ont longtemps eu tendance à sous-estimer, si ce n'est à nier, l'ampleur de la menace qu'ils faisaient ainsi peser sur leurs concitoyens.

Pourquoi, de la même façon, les pays d'Amérique du Sud et d'Asie ont-ils traversé différemment les crises financières qui se sont succédé depuis celle de 1997 ? Cette dernière trouvait son origine en Asie et constituait un avertissement : ne plus permettre à la mobilité des capitaux internationaux de déstabiliser un régime de croissance domestique. Mais, pour l'Argentine ou le Brésil, ce n'était qu'une crise de plus dans un continent qui les subissait depuis la décennie 1980 ; et quasiment aucune réforme n'y est venue empêcher la répétition d'un conflit ouvert entre autonomie du mode de croissance national et libéralisation financière externe. Voilà l'un des facteurs discriminants de la divergence des expériences.

Comprendre la crise totale ouverte par le coronavirus suppose donc l'abandon d'une approche purement technique, appliquée de façon uniforme à des sociétés dont les principes d'organisation sont très différents. Il appartient aux diverses disciplines d'apporter leur contribution et de tenter de les articuler les unes avec les autres.

Rapidité de réaction, nature du lien social et complémentarité des mesures

Il faut du coup abandonner l'idée d'une politique unique qui pourrait être partout optimale en réponse à un événement tel que la pandémie de la covid-19. Dans les sociétés démocratiques, il ne peut s'agir que de tâtonnements en fonction d'un objectif central fixé par le pouvoir politique à l'écoute des groupes d'intérêts et des attentes de ses électeurs. L'observation des phases initiales de la pandémie suggère un premier panorama, fondé sur la conjonction de trois critères (voir figure 2.5). D'abord, les leçons tirées des pandémies passées et la façon dont elles ont été ou non incorporées dans l'organisation de l'administration et du système de santé. Ensuite, la densité des relations physiques et sociales, qui oppose les espaces denses, très généralement urbains, et les autres plus dispersés. En Europe et aux États-Unis, l'opposition a ainsi été nette entre les « clusters » qui ont fait exploser la diffusion du virus et des zones plus protégées, de sorte que l'espace national n'était pas homogène – comme en témoignait par exemple le statut différencié accordé lors du déconfinement, le 11 mai, entre la France « en rouge » et celle « en vert ». Le troisième critère est celui de la rapidité de réaction et de l'aptitude à adopter une approche pragmatique. À cet égard, le contraste est frappant entre les décisions des gouvernements portugais et espagnol (voir figure 2.6) : le premier a adopté un plan complet dès la centaine de cas confirmés, le second a attendu qu'ils soient près de 6 000 ; et, en avril 2020, le Portugal enregistrait une surmortalité de 10 % par rapport à 2019, l'Espagne de 72 %.

Reste que la multiplicité des facteurs en jeu montre qu'il serait vain de rechercher un remède universelle qui suffirait à vaincre le virus. L'art consiste à combiner des solutions partielles. À l'été 2020, les résultats contradictoires, tout à fait provisoires, des diverses politiques mises en œuvre révélaient en effet à quel point les caractéristiques de chaque société, leur organisation politique et administrative, la nature de leurs relations entre expertise et décideurs pouvaient construire une mosaïque de configurations différentes. L'explication de la distribution des succès et des échecs échappe donc à l'opposition simpliste entre le capitalisme démocratique et le capitalisme autoritaire de la Chine. Il faut placer l'analyse à un niveau intermédiaire, celui du creuset dans lequel se forment et interagissent lien social, processus politique, organisation administrative de l'État. Pour autant, ce n'est pas affirmer que le coronavirus n'aura aucun rôle dans la lutte géopolitique entre les États-Unis (voir chapitre 7) et la Chine ou encore sur la cohésion de l'Union européenne (voir chapitre 8).

Les pandémies frappent des modes de régulation contrastés

Ainsi, l'évolution des économies (niveau d'activité, chômage, endettement public...) va dépendre de façon cruciale de la gestion de la crise sanitaire et cela va induire une nouvelle source de différenciation des sociétés. Mais il est une seconde source de différenciation : les régimes socioéconomiques n'avaient auparavant en rien convergé vers la configuration américaine d'un capitalisme dominé par la finance, ce qu'ont montré nombre de recherches (Hall et Soskice, 2001 ; Amable, 2017 ; Boyer, Uemura, Yamada et Song, 2018). Quand bien même les stratégies de lutte contre le coronavirus auraient été identiques, leur impact aurait donc été différent. On trouve une confirmation de ce pronostic dans une analyse économétrique de l'impact des pandémies passées : non seulement leurs conséquences se font sentir comme on l'a vu sur quatre décennies, mais encore elles peuvent provoquer des divergences durables (Jordà, Singh et Taylor, 2020). Le rendement du capital ne fut que faiblement affecté en Allemagne, modérément au Royaume-Uni, mais il chuta à long terme en Espagne, alors que l'Italie et la France ne retrouvèrent pas les niveaux antérieurs après une chute importante (figure 2.3).

Au vu de ces deux arguments, on peut formuler l'hypothèse que la crise de la covid-19 risque d'aggraver les fractures d'un régime international déjà en crise depuis le milieu de la décennie 2010, puisque les inégalités entre nations n'ont que peu de raisons de se réduire et que nul consensus n'a mûri pour organiser un renouveau des organisations internationales porteuses de solidarité et de transferts entre gagnants et perdants de la nouvelle période.

Le coronavirus va aggraver les inégalités, surtout dans les capitalismes dominés par le principe de concurrence

Il est de plus en plus reconnu que les inégalités de revenus et plus encore de patrimoines sont le talon d'Achille des sociétés qui ont poussé le plus loin déréglementation, décentralisation et réduction des transferts sociaux (Piketty *et al.*, 2018). Pour leur part, les économistes du travail ont expliqué comment le niveau d'éducation était un facteur de segmentation du statut des salariés. Et une longue tradition de la sociologie française a montré que le système éducatif, loin de réduire les inégalités liées à la famille et au milieu social, les amplifiait (Bourdieu et Passeron, 1970). Enfin, les recherches sur l'urbanisme ont attesté que les inégalités se manifestaient sur les territoires, au point de faire apparaître des processus conduisant à de quasi-ghettos ou à des zones de marginalisation par rapport aux services publics (Conseil d'analyse économique, 2019). Cela même dans des sociétés éprises d'égalité et de solidarité comme la France, où les révoltes des banlieues depuis 2005 et celle des « Gilets jaunes » en 2018 et 2019 ont témoigné des conséquences sociales et politiques de la spatialisation des inégalités.

La pandémie de coronavirus a mis en exergue une quatrième source d'inégalités : l'accès aux soins, qui aux États-Unis par exemple est conditionné par l'occupation d'un emploi garantissant une couverture de santé. Cette brèche dans le principe d'égalité s'y est traduite par une fréquence de malades du coronavirus beaucoup plus élevée chez les Afro-Américains ou les immigrés latino-américains (Boyer, 2020). En quelque sorte, la pandémie a durci encore la complémentarité des sources d'inégalités concernant l'éducation, l'emploi et le logement (voir figure 2.7).

Depuis la décennie 2010, les démographes américains ont montré que l'espérance de vie des plus défavorisés se réduisait dans leur pays du fait de leur style de vie, du type d'emploi, du régime alimentaire et de l'usage des drogues. La pandémie de 2020 y a enfermé plus encore les minorités et les laissés-pour-compte dans la cage de fer de la pauvreté. On mesure l'écart par rapport à la situation en Europe, très généralement fondée sur un meilleur respect du critère de justice sociale et sur l'universalisme des droits sociaux.

Il faut en tout cas abandonner l'espoir, un temps entretenu par certains analystes, selon lequel les effets de la pandémie de la covid-19 seraient équivalents à ceux d'une grippe saisonnière. Car même si celle-ci s'achevait assez rapidement, les décisions de confinement strict prises dans nombre de pays ont créé une situation économique irréversible – au sens d'un retour à la configuration prévalant encore en 2019. S'il se confirme, comme c'est hautement probable, qu'il s'agit d'une pandémie majeure, l'histoire montre que ses conséquences ont toutes les chances d'être durables, interdisant tout retour au régime de croissance antérieur. D'autant plus que, loin d'unifier le monde entier dans une lutte commune – ce qui a été toutefois le cas des scientifiques –, la pandémie a accentué les divergences entre sociétés apparemment proches et plus encore entre les principaux régimes socioéconomiques qui s'étaient imposés dans la décennie 2010. C'est pourquoi il faut anticiper une aggravation à long terme des divergences entre États-Unis, Chine et Europe.

Troisième intuition que confirmeront les chapitres suivants : rien ne serait plus trompeur que d'imaginer une année zéro d'un « monde d'après » dans l'invention de sociétés libérées de tous les défauts qui hypothéquaient la prospérité avant la pandémie. Les tendances lourdes restaient à l'œuvre et joueront pleinement dans les reconfigurations à venir. C'est ce que suggère ce bref historique des relations entre pandémies et économies.

3

Le temps de l'incertitude radicale

« La médecine est une science de l'incertain et un art de probabilité. »

William Osler (1849-1919, fondateur de la Johns Hopkins Medical School), *The Quotable Osler*, American College of Physicians, 2003.

Comment décider lorsque l'on sait que l'on ne sait pas encore ce que l'on finira par savoir, mais trop tard ? Telle est la question centrale, à dire vrai fort difficile, posée par la pandémie de la covid-19. Si pour les spécialistes toutes les épidémies présentent des caractéristiques toujours différentes, de sorte que leurs issues sont également incertaines, les acteurs de l'économie ont besoin pour leur part de certaines connaissances. Or la communauté des chercheurs, qui travaillent activement dans le monde entier et mettent en commun leurs avancées, n'est pas capable de les fournir aux pouvoirs publics en charge d'organiser la mobilisation de la société. Ce constat est d'autant plus inquiétant que les marchés financiers, devenus si invasifs dans la gestion des entreprises et les décisions des consommateurs, paniquent face à tout ce qui ressemble à un « cygne noir », c'est-à-dire un événement inconcevable pour un financier. Or les biologistes (Sansonetti, 2009, 2020), les historiens des pandémies (Michel, 2020) ou encore les analystes des relations entre pandémie et dynamique économique (Jordà, Singh, Taylor, 2020) concluent que de tels événements sont récurrents. Voilà qui questionne les théories de l'action rationnelle et renouvelle les conceptions des relations entre intervention publique et initiative privée lorsque l'on passe d'une économie du risque à une situation dominée par une incertitude radicale.

Un virus encore mystérieux

Les non-spécialistes pouvaient espérer que l'expérience accumulée des biologistes et des spécialistes des épidémies permettrait de caractériser très vite le nouveau coronavirus ou tout au moins ses caractéristiques générales. En fait, chaque épidémie met au défi les connaissances accumulées de sorte que la tâche des responsables de la santé publique est de « gouverner l'imprévisible » (Crémieux, 2009). Trois séries d'incertitudes pèsent en effet sur les stratégies de lutte contre la pandémie (voir figure 3.1).

Du côté de la *biologie*, même si l'ADN du virus est très rapidement identifié grâce à une collaboration internationale intense, le mécanisme de l'immunisation reste incertain, les expérimentations n'ont pas encore livré de médicaments efficaces et commencent à peine les premiers tests de vaccins, processus qui par le passé prenait au moins douze à dix-huit mois. Or c'est la clé d'un retour à la normalité de la vie sociale et de l'activité économique. Pour leur part, les médecins ont une liste complète des symptômes, mais la fréquence des cas asymptomatiques et la durée de la phase d'incubation posent de redoutables problèmes pour mettre au point les dispositifs destinés à ralentir la diffusion du virus. À l'échelle internationale, un large spectre de dispositifs est testé, mais il faudra sans doute attendre la fin de la pandémie pour expliciter quelles sont les combinaisons les plus efficaces.

Les épidémiologistes doivent adapter leurs modèles construits pour le SARS puis le H1N1 aux caractéristiques précises de la covid-19 et les données nécessaires manquent ; ce n'est que progressivement que diverses enquêtes permettent un chiffrement plus assuré des paramètres. Or les résultats se révèlent extrêmement sensibles à leurs spécifications. Il est de ce fait encore plus difficile de déterminer l'efficacité des diverses mesures. Les décideurs sont ainsi confrontés à une série de pronostics contradictoires.

La conjonction de ces incertitudes adresse une question longtemps délaissée par la théorie de l'action rationnelle : comment décider lorsque l'on sait que le futur est inconnu (Kay et King, 2020) ? C'est une question centrale de la *Théorie générale*, ouvrage dans lequel John Maynard Keynes cherche à caractériser les comportements des agents sur les marchés financiers. Ses analyses sont d'autant plus importantes que les incertitudes radicales générées par la pandémie ont débouché sur un spectaculaire effondrement de la Bourse puis une très forte volatilité, expression de l'incapacité des traders à arrêter leurs décisions d'achat et de vente.

La pathologie des marchés financiers face à l'incertitude radicale

Un tel détour théorique s'impose, car il est alors possible d'expliquer nombre d'évolutions suscitées par la pandémie.

La conséquence du mimétisme

Le coronavirus met ainsi à l'épreuve une hypothèse fondatrice des théories financières modernes : les marchés seraient le meilleur moyen de socialiser les vues sur l'avenir, car ils organisent la diffusion des informations disséminées dans l'ensemble de la société et ils permettent ainsi une allocation efficace du capital. Cette hypothèse est éclairante pour rendre compte de la répétition d'événements identiques par rapport auxquels les acteurs peuvent évaluer le risque correspondant. Ce n'est plus le cas face à un événement qui, pour les contemporains, est radicalement différent, car ils n'ont plus l'information pour former un jugement, donc une décision éclairée, ou encore rationnelle au sens de la théorie microéconomique en situation d'information parfaite.

Dans ce cas, le risque cède la place à l'incertitude et se développe un comportement original qui a été mis en évidence par Keynes. Chacun isolément tente de forger un jugement pour savoir si la crise sanitaire sera brève et peu coûteuse ou au contraire longue et dramatique. Son évaluation d'un titre financier peut donc prendre deux valeurs, respectivement haute et basse. À l'expérience, il peut observer que le prix qui se dégage ne correspond pas à sa propre anticipation. Tant que l'écart n'est pas trop grand, l'agent maintient son jugement. Mais s'il s'amplifie, il se met à douter et à considérer que les participants au marché ont une meilleure information que lui-même. Il va réviser son évaluation en tenant de plus en plus compte du prix du marché. Un modèle très éclairant (Orléan, 1990) montre que le mimétisme est alors la conséquence logique de cette incertitude. En conséquence, le marché du titre ne converge plus vers sa valeur fondamentale, car il oscille alors entre une évaluation haussière et baissière (voir figure 3.2).

Une conjonction entre panique sanitaire et krach boursier

Tout au long du XXe siècle, les crises financières ont été provoquées par des enchaînements endogènes opérant au sein du système financier, très généralement du fait d'emballements spéculatifs dissimulant l'arrivée aux limites d'un régime d'accumulation (crise de 1929, grande crise de 2008). Ce fut parfois la conséquence de la généralisation du trading automatique (comme lors du « lundi noir » de décembre 1987). La pandémie de la covid-19 marque une nouveauté : elle entre en résonance avec des marchés financiers tout-puissants car devenus le lieu de socialisation des vues sur l'avenir (voir figure 3.3). Les banquiers centraux s'interrogeaient sur les conséquences du réchauffement climatique sur la stabilité financière (Carney, 2016). Et voilà que les pandémies posent de façon anticipée cette même question : elles impliquent en effet une brutale polarisation de vues pessimistes sur les rendements financiers futurs, puis comme on va le montrer d'alternance de hausses et de baisses (voir figure 3.5).

Face à l'incertitude radicale, le mimétisme se généralise à toutes les sphères de la société

Les *financiers* ne peuvent anticiper les pertes impliquées par les mesures tant de confinement que de déconfinement, ces décisions dépendant du cours de l'épidémie et de difficiles décisions gouvernementales. Ils en sont réduits à investir dans des fonds qui suivent un indice boursier. Mais cela rend encore plus brutaux les renversements des cours (Sitbon, 2020). Comme l'avaient fait remarquer les théoriciens de l'information imparfaite, ce mécanisme tend à éliminer tout contenu informationnel des marchés puisque, à terme, plus personne ne fonde ses transactions sur une analyse effective de la conjoncture.

Constatant la fragilité des prévisions tirées des modèles d'épidémiologie, les acteurs de la santé publique sont tentés de se référer à un modèle réputé canonique – en mars 2020, ce fut celui de l'Imperial College (2020). En effet, en situation d'incertitude radicale, ne vaut-il pas mieux se tromper tous ensemble plutôt que d'avoir raison tout seul ? Et lorsque ce modèle est à son tour critiqué, les responsables de la lutte contre l'épidémie semblent avoir adopté les mêmes procédures (un conseil scientifique pluridisciplinaire), un vocabulaire identique (la « distanciation sociale ») et la même stratégie (en mars 2020 de confinement puis à partir de mai de levée prudente des restrictions aux libertés individuelles).

Face à l'incertitude générale concernant les conséquences économiques du coronavirus, les *gouvernements*, au lieu de rechercher de nouveaux outils pertinents, sont ainsi tentés de s'imiter les uns les autres, ce qui se traduit par exemple par la surenchère en termes de volume des garanties et des refinancements de la Banque centrale et du Trésor, même si les résultats attendus tardent. Ce furent ces mêmes outils qui permirent de surmonter la crise de 2008, mais leurs points d'application sont les entreprises non financières et non plus Wall Street. Bien sûr, il existe des variantes, car si le modèle allemand de traitement de la covid-19 et la subvention du temps partiel ont fait école en Europe, États-Unis et Chine ont poursuivi deux trajectoires différentes. Le mimétisme de certaines politiques n'implique pas la convergence des régimes socioéconomiques.

À l'État de fixer un horizon pour les acteurs

Ainsi la Bourse peut sans doute fixer les valeurs relatives des titres, mais pas leur niveau, largement dépendant des processus qui tiennent à la nature de l'épidémie et aux paris que les pouvoirs publics sont contraints d'assumer. Ce mécanisme est donc incapable de piloter une réallocation des investissements favorisant une sortie du conflit entre impératifs sanitaire et économique.

Une nécessité pour que puisse opérer le calcul privé

La littérature académique a attribué divers rôles à l'État. Traditionnellement, il est de stabilisation de la conjoncture, de redistribution en fonction d'une conception de la justice sociale, de production des biens publics qui profitent à tous, que l'initiative privée ne peut produire. Les crises financières ont fait apparaître le rôle déterminant des banques centrales comme prêteuses en dernier ressort, et cette possibilité a été mobilisée pour rassurer les marchés confrontés au gel de l'activité économique.

La nouveauté est que l'État a dû surmonter l'incapacité des anticipations privées à évaluer la viabilité et la valeur des firmes. Il a donc dû annoncer un plan permettant aux agents de recaler leurs anticipations – en l'occurrence, il a dû décider des modalités et de la durée de confinement puis du déconfinement (voir encadré 3.1). On ne sort d'une incertitude systémique, donc radicale, que par l'annonce d'un point focal. C'est ce surplomb de l'État qui lui permet de surmonter la catallaxie, c'est-à-dire « l'ordre engendré par l'ajustement mutuel de nombreuses économies individuelles sur un marché. [...] C'est ainsi l'espèce particulière d'ordre spontané produit par le marché à travers les actes des gens qui se conforment aux règles juridiques concernant la propriété, les dommages et les contrats » (Hayek, 1973, p. 131). C'est rarement mentionné, mais Hayek lui-même reconnaît que l'ordre spontané peut, dans de rares circonstances, buter sur une impasse qui appelle une action collective correctrice, afin qu'à nouveau, la catallaxie puisse opérer.

Les modèles d'épidémiologie deviennent la boussole des gouvernements

Les conseillers du gouvernent sont contraints de se tourner vers les spécialistes des épidémies et parmi eux vers les auteurs des modèles formalisant la diffusion des épidémies, pratique qui avait connu un essor à l'occasion du H1N1. En l'occurrence, les chercheurs aussi s'observent les uns les autres et le modèle de l'Imperial College (2020) a joué un grand rôle, car il a servi en mars 2020 de référence pour arrêter nombre de stratégies nationales en Europe. Hélas, les simulations qu'on en tire dépendent crucialement de paramètres difficiles à calibrer. L'incertitude correspondante se répercute directement sur les prévisions de chute de la production et de l'emploi. L'économiste découvre l'enchâssement de sa discipline dans les sciences de la nature.

Un choix stratégique et un objectif

C'est à travers la logique de l'action gouvernementale – réduire le pic de l'épidémie pour ne pas saturer les capacités de réanimation, elles-mêmes étendues par l'achat de nouveaux matériels – que se construit le système d'information. Ce qui explique que les décès en maison de retraite ou à domicile n'ont pas été comptabilisés au début de l'épidémie (voir encadré 2.1). On retrouve là l'un des résultats de la théorie de la « rationalité limitée » : le décideur arrête une stratégie et sa mise en œuvre produit des informations *ad hoc* permettant d'apprécier si les résultats obtenus sont conformes à la stratégie initiale. La « rationalité substantive » considère qu'en information parfaite, tout problème a une solution optimale. Or, dans la pratique des entreprises, des individus et des organisations, la « rationalité procédurale » livre des solutions satisfaisantes et rarement uniques (Simon, 1982). Le coronavirus rappelle cette évidence : tous ont à découvrir des solutions à une menace qu'ils rencontrent pour la première fois.

La création d'une dépendance par rapport au chemin

La nécessité de faire des paris sur l'avenir a une autre conséquence importante : les décisions successives finissent par créer une dépendance par rapport au chemin, car il apparaît de plus en plus coûteux, si ce n'est impossible, d'opérer un retour en arrière (voir figure 3.4). Faute de stocks suffisants (masques, respirateurs, oxygène, tests, personnel médical), il se peut par exemple que des stratégies prometteuses se révèlent hors d'atteinte alors que se multiplient les cas d'infection et les décès.

On mesure la différence avec le comportement en présence d'événements strictement répétitifs, tels les grippes saisonnières, qui ont abouti à la construction d'un ensemble de connaissances ayant notablement réduit le risque de décisions erronées. Certains constructeurs de modèles épidémiologiques (Vespignani, 2020) opposent ainsi deux périodes : celle de l'urgence et de la recherche de résultats, même approximatifs, pour guider la lutte contre une nouvelle épidémie d'un côté, celle du développement d'une approche scientifique avec l'ensemble des données accumulées une fois la période achevée de l'autre. Et pourtant, comme il a déjà été souligné, ce progrès des connaissances sera de nouveau mis à l'épreuve par le prochain virus, donnant à l'opinion publique l'impression d'une impréparation, réelle ou supposée. Ce type de mise en perspective incite donc à replonger toutes les sciences, sociales mais aussi de la nature, dans l'histoire.

Quand l'interaction des incertitudes sanitaires et économiques fait alterner pessimisme et optimisme

En mai 2020, constatant une décrue du nombre d'infections, de nombreux gouvernements ont amorcé un mouvement de déconfinement, plus ou moins rapide selon les pays : les dates de relaxation successives des contraintes pesant sur la vie sociale ont été autant de panneaux indicateurs pour donner des repères aux entreprises, aux salariés, aux parents et aux financiers. L'incertitude a été partiellement réduite, mais la crise était loin pour autant d'être surmontée.

Des marchés financiers animés par des mouvements contradictoires

La chute abyssale d'avril 2020 est alors enrayée et les valeurs des entreprises se redressent, mais les marchés financiers sont ballotés par deux séries de nouvelles (voir figure 3.5). D'un côté, les statistiques de mortalité continuent à rythmer les anticipations des acteurs, de sorte que toute mauvaise nouvelle liée à la pénurie de matériel médical, aux résultats décevants des tests de nouveaux médicaments ou encore à une reprise de la pandémie en Asie se traduit par une chute de la Bourse. La panique observée du 19 février au 23 mars 2020 – quand la Bourse américaine perd un tiers de sa valeur en quelques semaines – a cédé la place à l'anxiété à mesure que s'éloignait la date d'un retour à une activité normale.

De l'autre côté, ministères des Finances et banques centrales entendent compenser au mieux les pertes initiales par une mobilisation d'une gamme complète d'instruments – soutien du revenu, aide aux entreprises, garantie de crédits –, au point d'impliquer une socialisation des pertes du privé par l'État, dont le volume se compte aux États-Unis en milliers de milliards de dollars. Ces nouvelles redonnent alors espoir aux financiers et viennent enrayer un temps le pessimisme venu des hôpitaux et des autorités sanitaires. Aux États-Unis, la Bourse récupère une grande partie de ses pertes. Pourtant, persiste une très forte volatilité de l'ensemble des valeurs financières, qui durablement ne convergent pas vers des valeurs de long terme incorporant les caractéristiques d'un régime économique postpandémie. Faute de résultats probants en matière de victoire sur la pandémie, l'incertitude radicale initiale s'est certes réduite, puisque la menace d'un effondrement complet s'est estompée, mais elle s'est reportée sur l'évaluation de la durée du blocage de l'activité.

Une divergence entre finance et activité économique

L'énormité du soutien budgétaire et la promesse des banques centrales de racheter tous les types d'actifs financiers, même ceux présentant les plus grands risques, ont conduit à des taux d'intérêt quasi nuls, voire négatifs, dans les économies des pays réputés les plus solides. Contrairement à ce que l'on observait dans un régime socioéconomique stabilisé, ces bas taux n'ont pas stimulé une demande de crédit pour financer des investissements productifs – car les perspectives de demande étaient mauvaises et la rentabilité problématique. Tout comme dans la décennie précédente, les financiers ont surtout profité de l'aubaine pour acheter des actifs risqués et rémunérateurs, alimentant la reprise de la Bourse.

Ce mouvement n'a donc en rien aidé à la résolution des problèmes bloquant les économies : aux États-Unis, le taux de chômage est passé en un trimestre de 4 % à 16 %, les petites et moyennes entreprises de services ont fait face à un risque élevé de faillite, des secteurs entiers risquant de ne jamais retrouver leur niveau antérieur d'activité (tourisme, transport aérien). Et il est du coup devenu difficile de croire que la remontée de la Bourse, certes partielle en Europe, soit un indicateur avancé de la reprise économique. Ce serait plutôt la preuve du divorce entre Wall Street et « Main Street » – terme désignant les classes populaires dans les médias étatsuniens –, présent tout au long de l'essor d'un capitalisme dominé par la financiarisation et accentué par les interventions massives et mal ciblées des pouvoirs publics, qui de fait favorisent les acteurs les plus puissants.

Ce caractère dysfonctionnel de la finance est lourd de risques : protestations des laissés-pour-compte, montée de mouvements populistes, crises politiques ouvertes. Qu'en est-il de son rôle dans la recherche de médicaments et de vaccins et, plus généralement, dans la consolidation de systèmes de santé efficaces et résilients ?

Le temps de la finance n'est pas celui de l'innovation médicale

Les entreprises du secteur de la santé ont mieux surmonté l'effondrement boursier que celles de l'énergie et de la finance (*The Economist*, 2020). De ce point de vue, les marchés ont favorisé la recherche sur les médicaments et vaccins dont l'absence retardait la sortie de la crise, y compris économique. De longue date, la finance de marché a nourri l'illusion qu'elle pouvait imposer son rythme à l'économie et par extension aux sociétés, à savoir celui des cotations à la Bourse. Une fois de plus, l'impatience des financiers s'est heurtée au temps de maturation des projets menés dans les laboratoires : noyer les start-up de liquidité accroît la probabilité de trouver un vaccin, mais cela ne permet pas de brûler les étapes nécessaires à son test, son développement et sa diffusion (voir figure 3.6). Le coronavirus devrait apprendre aux financiers qu'une société doit composer avec diverses échelles de temps et qu'ils ne peuvent prétendre lui imposer le leur, le plus extrême. C'était déjà l'un des messages de *La Théorie générale* de Keynes.

Que devient le principe de responsabilité face à l'incertitude typique des pandémies ?

Il ressort de cette analyse que nombre de responsables, tant privés que publics, ont souvent pris des décisions qui, à l'issue de la pandémie, apparaîtront erronées, et surtout coûteuses en vies humaines et/ou pertes de richesse.

Ex post, *certaines politiques apparaîtront meilleures, d'autres catastrophiques*

Il faut ici mobiliser la longue histoire des « miracles » ou « modèles » économiques. Des observateurs, souvent lointains, sont surpris par la percée économique d'un pays : au lieu de revenir sur la chronique des transformations successives et souvent contradictoires qui se sont finalement cumulées en une configuration originale, la tentation est grande de mettre en exergue une entité qui a eu la prescience de ce modèle, sortie tout armé d'une réflexion fondatrice. Depuis la Seconde Guerre mondiale, se sont ainsi succédé les modèles français, italien, suédois, japonais et de la Silicon Valley, avant que s'affirme l'attraction de la voie chinoise pour nombre de pays en mal de développement. Cette liste devrait inciter à la prudence, car nous savons aujourd'hui ce que sont devenus les espoirs placés dans ces « modèles ».

Le risque est grand que ce phénomène se reproduise pour le coronavirus : oubliant la grande incertitude qui a paralysé les acteurs lors de l'émergence de la pandémie, beaucoup d'observateurs auront la tentation d'attribuer à la vertu ce qui fut aussi de la chance. En mai 2020, la relative limitation des pertes humaines et l'ambition du plan de soutien à l'économie allemande semblaient jouer ce même rôle de point focal, d'autant plus que nombre d'autres pays étaient encore dans la phase d'incertitude radicale. En outre, ce palmarès n'était que provisoire. Une fois surmontées les vagues successives de la pandémie, il se peut en effet qu'une précoce et prudente stratégie d'immunisation de la population se révèle la moins coûteuse en vies et en pertes économiques (Karlson, Stern et Klein, 2020). Le coronavirus devrait nous vacciner de l'illusion téléologique. D'autant plus qu'elle pourrait créer de redoutables problèmes pour le droit et le politique.

Une possible déstabilisation du droit et de la jurisprudence

Le droit, privé comme constitutionnel, est bâti sur l'hypothèse implicite que les actions opèrent dans un environnement stable qui implique une relative prévisibilité. C'est le cas par exemple des codes déontologiques ou des normes forgées par les professionnels. Ils résultent de la stratification de pratiques incorporées tant dans le droit que dans les comportements, les habitus. Une déviation par rapport à ces normes engage la responsabilité des acteurs.

Il faut s'attendre à ce que cette référence soit mobilisée par deux types d'acteurs. Au niveau du politique, les oppositions aux gouvernements en place peuvent les accuser d'avoir commis des fautes lourdes de conséquences en termes de santé publique, de pertes économiques excessives ou encore d'inutiles et dangereuses restrictions des libertés publiques, tout particulièrement à propos de la mobilité entravée au sein de la société. Au niveau individuel, les familles dont un membre est mort par manque de ressources (de masques, de respirateurs, de précaution du personnel soignant) peuvent se tourner vers le juge pour faire reconnaître leurs droits en invoquant la responsabilité de tel ou tel acteur du système sanitaire.

Voilà que s'ouvre un grand chantier pour les juristes : existe-t-il des critères pour distinguer entre une responsabilité collective qui couvre l'incertitude radicale, en quelque sorte systémique, et une responsabilité individualisable qui résulte de choix qui se sont révélés erronés par rapport à des règles que tous les acteurs connaissent ?

De la responsabilité politique à l'appel au juge ?

Il faut donc s'attendre à une juridisation des conflits d'interprétation de l'origine et des conséquences des pertes liées au coronavirus. Pour tenter de canaliser ces conflits, en France la loi d'urgence sanitaire a d'ores et déjà incorporé à titre permanent la possibilité pour les gouvernements de recourir à la restriction de la mobilité des citoyens, pendant une période limitée et ce pour des raisons sanitaires (Slama, 2020). Mais ce mouvement peut être interprété comme une restriction durable des droits fondamentaux et susciter de vigoureux mouvements sociaux et politiques, car ces changements ne sont pas anodins.

Cette imputation des responsabilités risque de se retrouver à tous les niveaux de la société : les relations employeur/employé en matière de sécurité sanitaire, les responsabilités respectives des agences de régulation, des ministères, des établissements de soins dans la pénurie des moyens nécessaires à la lutte contre la pandémie et, finalement, les rapports entre personnel politique et administrations publiques. Les traces de coronavirus dans le droit sont donc un enjeu majeur, initialement occulté par la volonté de vaincre la pandémie.

À la fin du printemps 2020, le cours de la pandémie réglait encore la presque totalité des sociétés : il a justifié un quasi-arrêt de leurs économies et précipité l'une des plus spectaculaires et dramatiques crises boursières. De ce fait, l'État se présentait partout comme le défenseur de la vie et de la santé de la population. Serait-ce le début d'un double *aggiornamento* doctrinal ? L'État comme réponse à l'incertitude radicale, ce qui fut, en son temps, l'objectif de la planification à la française ? La biopolitique, chère à Michel Foucault, comme possible emblème d'une nouvelle époque ? Les chapitres suivants explorent ces deux pistes.

4

De l'urgence au « trilemme » santé, économie, libertés

> « Le problème politique de l'humanité consiste à combiner trois choses : l'efficacité économique, la justice sociale et la liberté politique. »
>
> John Maynard Keynes (1883-1946),
> *Théorie générale de l'emploi, de l'intérêt et de la monnaie*, 1936.

Les interventions massives et parfois invasives, telles que le confinement, construisent une trajectoire qui n'était codifiée dans aucun manuel de politique économique. En chemin, d'autres incertitudes se font jour, elles ont déjoué les anticipations et montré l'enchevêtrement des interdépendances entre santé, économie et politique. Malgré la brièveté de cette période, les gouvernements ont dû réajuster à plusieurs reprises leurs interventions, qui ont pris une ampleur sans précédent, même comparée avec le soutien au secteur financier en 2008 : ce sont quasiment tous les secteurs économiques dont les pertes sont socialisées, pour partie et de façon inégale. Ce qui semblait un « choc » inédit, mais relativement mineur, a mis au jour un réseau de contradictions et d'obstacles à un rapide retour à la normalité. En livrer une radiographie est un préliminaire à toute tentative de prospective.

Surprise et flottement des gouvernements

En effet, la première réaction à l'annonce des autorités chinoises de l'irruption d'une épidémie est de la considérer comme l'équivalent d'une grippe saisonnière et, depuis lors, les caractérisations semblent être toujours en retard d'une étape par rapport à la diffusion du coronavirus.

Un simple choc transitoire ?

C'est une mauvaise nouvelle pour les organisations internationales, mais elle n'est pas trop inquiétante puisque le FMI prévoit en février 2020 un simple ralentissement de l'économie mondiale de 0,1 % par an. Pourtant, dès que la pandémie frappe l'Italie puis les pays européens, les gouvernements prennent la décision de stopper l'explosion des cas de contamination par l'instauration de limites de plus en plus strictes à la mobilité des personnes, tant sur l'espace national qu'à l'échelle internationale. L'arrêt de presque toutes les activités non essentielles implique une réduction brutale de la richesse créée et de l'emploi aux États-Unis dès lors que n'est pas subventionné le temps partiel, comme c'est plus souvent le cas dans l'Union européenne.

La générosité du financement correspondant s'explique par la volonté de stopper d'emblée une dépression afin de promouvoir une rapide reprise au deuxième trimestre de 2020. Pour les macroéconomistes, l'objectif était de maintenir intactes les capacités de production et les compétences des salariés, soit l'hypothèse d'un strict et rapide retour à la trajectoire antérieure (OFCE, 2020). Anticipation raisonnable à la lumière des connaissances du moment, bien que quelque peu optimiste. Cela revenait à prolonger la plus longue expansion de l'économie américaine depuis 1945 (onze années consécutives), déjà obtenue par une politique monétaire débridée, et à minorer les difficultés de l'Union européenne en matière de croissance.

Une confusion entre liquidité, solvabilité et préservation des capacités de production

À juste titre, tant les banques centrales que les ministres des Finances avaient retenu de la crise financière de 2008 qu'il fallait à tout prix éviter qu'une politique trop restrictive ne précipite un blocage du système de crédit et une pénurie de liquidité, provoquant des faillites en chaîne d'entreprises qui auraient pu contribuer à la reprise. Ainsi s'expliquent le considérable élargissement de rachat par les banques centrales à une large gamme d'actifs financiers, même de piètre qualité, et les garanties de crédit, par exemple aux PME par le budget (voir tableau 4.1).

Pourtant, au-delà d'un certain seuil, il devient difficile de distinguer entre une simple difficulté transitoire de trésorerie et le fait que, la crise s'aggravant, la rentabilité devient insuffisante pour rembourser crédit et intérêt. Or une crise de solvabilité ne peut se traiter par les seuls instruments monétaires. Les outils sont alors une réduction transitoire ou permanente des impôts et des cotisations sociales, une restructuration des dettes, des prises de capital dans les entreprises et, en dernière instance, la nationalisation d'entreprises considérées comme stratégiques pour le pays (dans le transport aérien par exemple). Il faut alors compter sur le budget, qui n'a ni la vitesse de réaction ni l'élasticité de la création monétaire.

Cette distinction est importante pour comprendre les obstacles à une réponse européenne au coronavirus (voir chapitre 7). La BCE a pu interpréter généreusement son mandat afin de ne plus viser seulement un taux d'inflation cible, mais aussi prévenir la dislocation de la zone euro. Cependant la Cour constitutionnelle allemande veillait et l'âpreté des discussions conduisant à ne pas augmenter le minuscule budget européen ne laissait pas augurer une solution à cette impasse : de fait si ce n'est *de jure*, la solidarité budgétaire devrait prendre le relais de la monétisation des déficits aggravés par la pandémie.

Des injonctions contradictoires

Dès l'origine, les déclarations des responsables ont été marquées par une tension, voire une contradiction entre deux impératifs difficiles à concilier. D'un côté, le mot d'ordre « Restez confinés » a mobilisé la peur de contracter le virus et reçu un écho favorable des citoyens, convaincus par les médecins qui pointaient la gravité de la menace liée au coronavirus. D'un autre côté, la demande « Continuez à travailler » adressée aux secteurs essentiels (santé, agroalimentaire, logistique) supposait que les travailleurs concernés puissent surmonter la peur d'être victimes de leur dévouement, ce qui est difficile si manquent les moyens d'une protection efficace. Seuls les salariés les moins favorisés ont pris le risque de rejoindre le travail et certains ont été effectivement contaminés (voir figure 4.1).

Le coronavirus a révélé les inégalités typiques de chaque société et les a accentuées en les étendant à la santé et l'espérance de vie (voir chapitre 2). Quitte à forcer le trait, les citoyens les mieux dotés ont été confinés et télétravaillaient, les autres devant produire les biens et services nécessaires à la survie de tous tant que durait l'urgence sanitaire. Cette inversion de la division du travail, spectaculaire, a dû être reconnue par les politiques : les soignants ont remplacé les innovateurs comme héros méritant la reconnaissance publique. Transitoirement ou de façon durable (voir chapitre 5) ?

Lors du déconfinement, c'est un autre versant de cette même contradiction qu'ont exploré les différentes sociétés. Puisque les autorités incitaient tous ceux qui n'avaient pas accès au télétravail à retourner travailler, c'est que la menace s'était éloignée, donc que l'impératif de maintenir distanciation physique et prudence était finalement secondaire. La population la moins affectée par le coronavirus a pu du coup devenir le vecteur d'une reprise de l'épidémie. En France, la décision de réouverture progressive des écoles était cohérente avec la nécessité d'une reprise du travail par les parents, mais elle les plongeait dans un autre dilemme : compte tenu de l'extrême difficulté de la distanciation entre élèves, le retour à l'école n'était-il pas lourd de risques, au-delà de l'intérêt manifeste d'une éducation assurée par des professionnels ? D'où par contrecoup un frein au retour au travail, en dépit de la pression qu'exerce la réduction, puis l'abandon des aides publiques dans le contexte d'une montée du chômage, un temps dissimulée par la subvention au temps partiel.

Un soutien de l'économie tous azimuts

En la matière, la réponse au risque d'effondrement de l'économie témoigne de la prise de conscience aiguë et rapide par tous les gouvernements des pays de l'OCDE. Elle se manifeste d'abord par la mobilisation de tous les instruments disponibles de l'État : garanties de crédits, report des impôts pour les PME, rééchelonnement des cotisations sociales, suspension du remboursement des dettes, transferts de revenu aux familles sans condition ni formalité, subvention du temps partiel, pression sur les assurances afin qu'elles participent à l'effort national (tableau 4.2).

Les banques centrales, qui étaient devenues indépendantes, ne peuvent quant à elles que répondre à l'urgence et aux demandes des gouvernements : elles ouvrent presque sans limite le refinancement des actifs privés et les titres de la dette publique, renouvelant ainsi le mot d'ordre qui avait permis de sauver l'euro en 2012 : « Quoi qu'il en coûte ! » La Banque d'Angleterre décide même d'acheter directement les titres de la dette publique et non plus seulement sur le marché secondaire de ces titres. Les bilans du Federal Reserve Board et de la BCE enregistrent aussi une brutale hausse. En revanche, la proposition de création d'« eurobons » par l'Italie, la France et l'Espagne ne parvient pas à recueillir l'accord des gouvernements de l'Europe du Nord. Pourtant, la réaction à un péril commun aurait justifié cette innovation, qui aurait pu constituer une étape importante dans la construction de la viabilité du régime de politique économique institué par l'euro. On mesure là à quel point l'Union européenne est loin de constituer une entité capable de rivaliser avec les États-Unis et la Chine. Cette reconfiguration de la géopolitique est ainsi l'un des effets, indirect et inattendu, du coronavirus (voir chapitre 7).

Enfin, les interventions conjuguées des banques centrales et des budgets publics sont aussi spectaculaires par leur volume. Aux États-Unis par exemple, si le premier plan de soutien de mars 2020 est de 1 000 milliards de dollars, le 15 mai suivant le Congrès vote un plan de stimulation de 3 000 milliards de dollars soumis à la signature du président. En France, le degré de compensation de l'arrêt de la production est particulièrement élevé en réponse à l'intuition qu'il valait mieux surestimer que sous-estimer le péril comme cela avait été le cas en 2008. Rétrospectivement, il est probable que cette stratégie sera évaluée à la lumière de ses conséquences à long terme (voir chapitre 9).

Entre dépendance internationale et tentation protectionniste

Le coronavirus précipite la prise de conscience du degré de dépendance internationale de la plupart des économies en termes de masques et de principes actifs entrant dans les médicaments susceptibles de soigner les malades. C'est le résultat d'une série de décisions de délocalisation prises par des entreprises dans le but de réduire leurs coûts et d'assurer leur rentabilité. Les autorités sanitaires nationales découvrent l'ampleur des pénuries et se livrent alors à une surenchère afin d'acquérir par exemple les matériels et produits indispensables aux soignants pour traiter les malades – c'est en Chine et à un moindre degré en Inde qu'est concentrée leur production. Dans le même temps, nombre de pays interdisent l'exportation de ces biens lorsque par chance ils en produisent encore.

Ainsi, la lutte concurrentielle sur le marché mondial se double de mesures protectionnistes nationales. La sortie du déconfinement est associée à l'obtention de médicaments et/ou de vaccins et l'apparent paradoxe, déjà observé lors de l'entrée dans la crise, se reproduit. Les États-Unis veulent acheter des start-up prometteuses du monde entier pour préempter leurs médicaments et les réserver à leur population. Le gouvernement allemand s'oppose à cette stratégie. De leur côté, certaines grandes firmes pharmaceutiques passent des contrats pour réserver leur éventuel futur vaccin aux pays qui les ont financés au détriment de leur pays d'origine, à la grande surprise des gouvernements qui croyaient encore à une forme de patriotisme économique.

Le coronavirus a ainsi jeté une lumière crue sur un aspect trop longtemps nié : l'internationalisation, de jeu à somme positive, peut se transformer en un jeu à somme nulle. Plus encore, la responsabilité de la mobilité internationale des personnes dans l'universalisation du coronavirus justifie la généralisation des contrôles aux frontières, puis leur fermeture pour enrayer une explosion de la contamination. Cette politique a trouvé un accueil tout à fait favorable auprès de gouvernements qui avaient fait du blocage de l'immigration le centre de leur politique. Minuscule virus, né sur un marché lointain, extrêmes conséquences sur le fractionnement du monde (voir chapitre 7).

Le dilemme entre santé publique et pertes économiques : une étape décisive

L'activisme des pouvoirs publics aurait dû porter ses fruits s'ils avaient affronté une crise financière et économique classique, même grave. Or ils constatent que le temps de la pandémie ne se plie pas à celui du projet politique d'une victoire rapide, à même de renforcer leur légitimité.

Des objectifs que l'on croyait complémentaires deviennent antagoniques

Le mois de mai 2020 est celui de la valse-hésitation entre la poursuite de la priorité à l'éradication du virus et la nécessité de relancer une production sans laquelle va se déliter le système productif et baisser le niveau de vie ; tandis que les déficits publics dans l'UE, le chômage aux États-Unis vont exploser. Ce dilemme s'explique parce que le pari d'une victoire rapide sur le front sanitaire est d'ores et déjà perdu. En conséquence, si les richesses créées continuent à être inférieures de 30 % à 40 % selon les pays, il importe de réajuster la priorité accordée à la limitation de la mortalité par coronavirus.

De technique, la gestion devient politique : les citoyens continueront-ils à faire confiance alors que les résultats annoncés ne sont pas là ? Les moyens de tests tant virologiques que sérologiques, puis de suivi et d'isolement seront-ils suffisants pour éviter qu'un deuxième épisode paralyse à nouveau la vie sociale, donc économique ? Quelles nouvelles mesures pourraient enrayer la montée des inégalités individuelles, sectorielles et géographiques, mélange explosif pour la stabilité sociale et politique ? Une synthèse rêvée entre santé publique et retour de la prospérité a volé en éclats (voir figure 4.1).

Que vaut une vie humaine sauvée ?

L'adage selon lequel « la santé n'a pas de prix » n'élimine pas le fait que les soins médicaux ont un coût, de sorte que le calcul économique public a de longue date incorporé cette considération dans l'évaluation de nombre de décisions publiques. L'économie des infrastructures et de la sécurité routière a ainsi eu besoin d'une valeur de référence pour décider de tel ou tel projet autoroutier ou de mesures réduisant les accidents de la route. Plus proche du sujet de la lutte contre les épidémies, l'économie de la santé ne pourrait évaluer l'intérêt des nouveaux médicaments ou traitements médicaux sans prendre en compte la réduction de la morbidité et de la mortalité. Dans les années 1960 et 1970, époque de croissance relativement égalitaire, le coût d'une vie humaine s'évaluait par la valeur actualisée du flux de revenu sur une vie entière (voir encadré 4.1). Il s'agissait donc d'éclairer les décisions publiques au niveau sectoriel, sans que jamais les décisions de politique économique générale (fiscale, budgétaire, monétaire) n'aient à prendre en compte de façon explicite le coût d'une vie humaine.

Ce n'est plus le cas avec le coronavirus, car un objectif central des gouvernements était bien en mars 2020 de limiter la surmortalité qu'il entraînait, même s'il se traduisait à court terme par l'objectif intermédiaire, celui d'éviter la saturation des services de soins intensifs des hôpitaux, par exemple *via* un confinement plus ou moins strict. Il est bien sûr problématique d'afficher un prix de la vie, ne serait-ce que pour prévenir les protestations, au nom de l'égalité et de la morale, lorsque certains responsables annoncèrent que les malades âgés de plus de soixante-quinze ans ne seraient pas admis en réanimation, compte tenu de la pénurie de respirateurs. Voilà qu'une décision réputée technique se convertit en une question de société et devient matière à débat politique. Dans ce domaine aussi, le coronavirus opère comme un analyseur des différentes sociétés.

À toute politique de lutte contre le coronavirus, correspond une valeur implicite de la vie humaine

Pour cela, adoptons provisoirement les outils de l'analyse microéconomique avec information parfaite (voir encadré 4.2). D'un côté, le ministre de la Santé a pour objectif de minimiser les dégâts sanitaires de la pandémie et il occupe toute l'attention du public, remontée dans la hiérarchie gouvernementale que l'on observe lors de chaque épidémie. Il entend donc décider des modalités et de la durée du confinement en fonction de l'éradication du coronavirus. De l'autre côté, le ministre des Finances met en œuvre un généreux plan de soutien des entreprises et des salariés, mais il voit se creuser le déficit des finances publiques, au prorata de la chute d'activité et de la durée du confinement. C'est au Premier ministre d'arbitrer et ses conseillers vont lui souffler que la durée des restrictions à la mobilité doit correspondre au moment où la valeur des vies humaines épargnées est égale à la perte de revenu dans l'économie.

Cet outil, simplissime, explique pourquoi au fur et à mesure que les mesures sanitaires portent leurs fruits – décrue des cas, puis des hospitalisations et enfin des décès, mais sans que soit vaincu le coronavirus – et surtout que la durée de la pandémie se révèle plus longue qu'anticipée, les gouvernements tendent à donner la priorité à la réouverture des activités économiques compatibles avec le respect des précautions nécessaires pour éviter une reprise de la diffusion du coronavirus. Pourtant, à nouveau, la décision n'est pas que technique, elle est aussi politique : les entrepreneurs des PME, les indépendants, les salariés les plus précaires, les habitants des zones géographiques marginalisées trouvent de plus en plus intolérables les décisions qui les condamnent à la faillite, la pauvreté et aggravent les tensions au sein des familles les plus fragiles.

Ainsi, cette date de sortie du confinement révèle la valeur implicite attribuée par les autorités à la préservation de certaines vies humaines. S'ouvre dès lors une possibilité d'explicitation des facteurs à l'origine de la diversité des configurations observées dans le monde.

La raison de trajectoires nationales contrastées

À la lumière de cette analyse, les gouvernements devraient adopter une durée de confinement d'autant plus longue que la valeur attribuée par la société à la préservation de la vie humaine est élevée, que la perte économique n'est pas trop importante et que le risque de mortalité est élevé. Une autre possibilité est qu'ils entendent privilégier les populations à risque par rapport aux autres. On peut aussi prendre en compte la spécificité du coronavirus, qui frappe surtout les classes d'âge élevées, et remplacer la valeur de la vie humaine sur l'ensemble du cycle de vie par la valeur des années de vie gagnées du fait du confinement. Ce critère implique une moindre durée du confinement, mais il peut apparaître injuste au nom d'un égal accès aux soins de tous les patients. Il ne se justifie qu'en situation de pénurie de moyens de soins, elle-même créée par un sous-investissement dans la prévention des épidémies. La diffusion du coronavirus au niveau mondial fait ainsi ressortir des configurations contrastées, non seulement en fonction de la précocité des mesures (voir chapitre 3), mais aussi des caractéristiques des sociétés affectées.

Dans nombre de pays en développement ou émergents de l'Amérique du Sud, tels le Brésil ou le Mexique, les pertes économiques d'un confinement sont importantes du fait du travail informel, mais la population est relativement jeune, de fortes inégalités sociales en matière de valeur de la vie traversent la société et font peser la mortalité sur les plus pauvres, qui sont souvent les plus nombreux. En conséquence, le confinement est court ou peu exigeant.

Les pays riches et relativement égalitaires en termes de santé (France, Italie, Allemagne) acceptent une perte économique privée temporaire, du fait de la socialisation du revenu par l'État et la couverture sociale. L'opinion publique et les entreprises peuvent accepter un confinement long, en l'absence d'autres méthodes de lutte contre le virus.

Les pays riches et inégalitaires, tout particulièrement les États-Unis, se caractérisent par le primat de la richesse créée par les entreprises, une surmortalité des classes populaires et des minorités, un système médical excluant les plus pauvres. Ces traits impliquent une grande impatience quant à la reprise d'activité de la part des plus privilégiés. On doit souligner à cet égard le conflit ouvert entre Washington, défenseur des intérêts économiques dominants, et certains gouverneurs des États, défenseurs de la santé de leurs citoyens.

Cette cursive caractérisation introduit l'un des thèmes directeurs des chapitres suivants : selon des modalités souvent complexes, le coronavirus livre une analyse spectrale des relations entre types de capitalismes et organisations du système de santé (voir chapitre 5). Auparavant, il importe d'explorer une conséquence politique importante de la pandémie.

Lorsque l'urgence transforme la citoyenneté : une menace sur les droits individuels ?

Après la « guerre contre le terrorisme » déclarée par la présidence américaine suite aux attentats de 2001 contre les tours jumelles de New York, le temps de la « guerre contre le coronavirus » serait-il venu ? Dans l'un et l'autre cas, la métaphore est puissante, mais elle induit en erreur. D'une part, on ne vient pas à bout d'un réseau terroriste en envahissant un pays au moyen d'une guerre conventionnelle. D'autre part, le virus déclenche un processus qui traverse les frontières d'autant plus facilement que les cas asymptomatiques passent inaperçus : la lutte devrait donc être mondiale et coordonnée par l'OMS. Par ailleurs, des analyses montrent que les guerres modernes détruisent encore plus de capital qu'elles ne font de victimes ; alors que, dans l'histoire, les pandémies ont l'effet inverse (Jordà, Singh, Taylor, 2020). Reste que tous ces épisodes, malgré leurs différences, ont pour trait commun de légitimer une réduction, présentée comme transitoire, des libertés fondamentales. Mais les changements correspondants ont été intégrés à titre permanent dans le système juridique.

Les mesures sanitaires dérogent à la libre mobilité et à la liberté d'entreprendre et de travailler

En effet, la pandémie a impliqué dans de nombreux pays le vote de lois d'urgence restreignant la liberté de mouvement tant au sein de chaque société qu'à l'échelle internationale. La crainte d'une catastrophe humanitaire a convaincu une large partie des opinions publiques que ce n'était pas une manœuvre pour restreindre les droits individuels. En France, la possibilité d'un état d'urgence pour raison sanitaire a été intégrée dans le droit et c'est l'un des multiples legs du coronavirus. Pourtant, lorsqu'a été envisagée une nouvelle prolongation du confinement en mai 2020, divers groupes sociaux se sont rebellés, d'autant plus qu'une partie seulement de la population, la plus âgée, aurait été privée d'un droit fondamental, celui de se déplacer librement.

Aux États-Unis, la fermeture obligatoire des petites et moyennes entreprises, décidée par certains gouverneurs, a suscité une violente protestation au nom de la liberté d'entreprendre, droit constitutionnel et l'un des fondements de la société étatsunienne. De même, on ne saurait sous-estimer l'impact de la fermeture des frontières européennes au sein de l'espace Schengen : pour les jeunes générations du programme Erasmus, c'est un retour en arrière préoccupant, même s'il est conçu comme transitoire. N'est-ce pas l'un des acquis majeurs de la construction européenne ? Précisément, pour certains gouvernements de l'Europe centrale, ardents défenseurs d'une conception intégriste de la souveraineté nationale, ce n'est que la prémisse de l'abandon de tout projet fédéraliste (voir chapitre 7).

La pandémie est donc bien porteuse d'une accélération de certaines tendances de la décennie 2010 : renforcement du pouvoir des États sur les citoyens, voire autoritarisme, restriction de certaines libertés au nom de la sécurité collective, renforcement de la xénophobie, transformation du patriotisme en un nationalisme sans complexe, protectionnisme comme outil récurrent de défense des intérêts économiques de chaque nation (voir chapitre 9).

Certains dispositifs pour tester, tracer puis isoler violent les droits individuels

Depuis l'invention des microprocesseurs, les techniques d'information et de communication n'ont cessé de progresser, puis elles ont donné naissance à une économie de réseaux dominée par de grands acteurs de l'économie numérique, les GAFAM et leurs analogues : spécialistes du traitement de masse de données collectées en temps réel (comme Google), organisateurs de réseaux sociaux (comme Facebook), mastodontes du commerce électronique (comme Amazon), fournisseurs de logiciels facilitant les interfaces avec une multitude d'applications (comme Microsoft), inventeurs d'équipements et d'applications (comme Apple).

Par contraste, les appareils statistiques et les systèmes de gestion des États sont loin d'avoir bénéficié d'une révolution équivalente. C'est le cas en matière de santé publique, comme l'a illustré par exemple en France le réseau Sentinelles, qui avait été construit en 1984 pour assurer une veille sanitaire en soins de premiers recours, notamment pour détecter et suivre la circulation des épidémies : faute de suivi et de moyens, il a été pris de court par l'irruption du coronavirus et il lui a fallu un certain temps pour s'adapter à l'urgence. Tel n'a pas été le cas des GAFAM, qui livrent en temps réel des informations sur la mobilité des individus, les déplacements urbains, les achats et donc les préoccupations de leurs clients. Puisque le virus circule aussi, à sa manière, à travers les réseaux sociaux, tant Google que Facebook sont en position de fournir des applications qui peuvent garder trace de tous les contacts d'un individu. S'il est attesté que celui-ci a contracté le virus, l'ensemble de ses contacts peuvent être avertis, sans que soit révélée son identité.

Mais dans certains pays, comme Singapour, c'est le gouvernement qui organise et centralise ces informations. Quant à la Chine, les équivalents locaux d'Amazon, de Facebook et des systèmes de paiement électronique y sont tenus de partager toutes leurs informations avec les autorités publiques. Tel est l'un des facteurs discriminants quant aux réponses à la pandémie : rapide et efficace grâce à la stratégie « Tester, tracer, isoler » pour les plus avancés des pays asiatiques, lente et inadaptée en France, Italie et Espagne, faute d'un nombre suffisant de tests et du fait d'un difficile suivi de la diffusion du virus (voir tableau 4.3). Se pose ainsi à nouveau la question du droit des individus sur les informations qu'ils mettent en permanence à la disposition du capitalisme de plateforme, dans ses variantes transnationales ou étatiques de type chinois ou singapourien. De fait, à la fin de la décennie 2010, l'explosion des flux de mégadonnées collectées en temps réel et des progrès de l'intelligence artificielle a fait basculer le rapport de forces entre grandes multinationales, États et citoyens, au détriment de ces derniers.

On l'a dit, la pandémie a ainsi révélé brutalement une configuration de la division du travail à l'échelle internationale et une concentration du pouvoir en rupture avec le passé. L'opposition n'est pas essentiellement entre capitalisme et l'alternative que représenterait la Chine, mais entre centralisation transnationale privée ou étatique nationale de l'information.

L'impossible conciliation de trois impératifs, raison d'échecs récurrents

Dès lors, la défense des droits des citoyens, en particulier à la liberté de mouvement et au contrôle de l'information les concernant, introduit une contrainte supplémentaire dans la lutte contre la covid-19. Ainsi peuvent s'expliquer les grandes difficultés rencontrées par les gouvernements : ils tentent tous d'atteindre trois objectifs impossibles à concilier : préserver la santé de la population en minimisant la surmortalité, minimiser les pertes économiques et respecter l'intégralité des droits individuels. Le dilemme précédemment analysé (voir chapitre 3) se transforme en un « trilemme », encore plus inextricable (voir figure 4.2). Cette caractérisation très éclairante, reprise du professeur à HEC Olivier Sibony (2020), mérite d'être connue et discutée. Puisque l'idéal est hors d'atteinte, les gouvernements ont à choisir l'objectif qu'ils doivent abandonner pour tenter d'atteindre l'un des deux autres :

– concilier victoire sur la pandémie et prudente reprise économique à condition de renoncer à certaines libertés, afin de réduire le risque d'un retour au confinement grâce à la stratégie « Tester, tracer, isoler » ; c'est la modalité singapourienne ou chinoise ;

– sacrifier la santé publique d'une partie défavorisée de la population pour mieux soutenir une alliance politique bâtie sur la liberté individuelle, en termes de mobilité des individus et d'esprit d'entreprise, afin de susciter un rapide retour à la croissance ; sur cette stratégie se sont accordés deux présidents, souvent qualifiés de populistes, à la tête de pays dont les régimes socioéconomiques sont bien différents : les États-Unis et le Brésil ;

– enfin, sacrifier la production de biens traditionnels au bénéfice d'une minimisation des dégâts du coronavirus quant à la santé, pour autant que ne tarde pas trop le contrôle de la pandémie ; tel est le choix des sociétés riches et démocratiques bâties sur un pacte instituant une solidarité étendue, dont la plupart des pays de l'Union européenne, même si les résultats de leurs politiques ont pu varier considérablement.

On retrouve ainsi un enseignement central de recherches précédentes : pas plus la « globalisation » que les pandémies n'impliquent une convergence des modèles socioéconomiques et des styles politiques de réaction à un même événement.

La première étape d'une sortie de crise : enrayer le risque de dépression cumulative

Dès lors, un autre danger pointe, à savoir qu'une brutale perception de la lenteur dans l'obtention des traitements et des vaccins permettant d'enrayer définitivement l'angoisse de mort par coronavirus précipite une nouvelle panique se transmettant d'un secteur à l'autre, en une spirale que ni les banques centrales ni les ministères des Finances ne parviendraient à enrayer.

Sans intervention, un renforcement de deux incertitudes radicales, médicale et économique

À l'annonce du virus, la panique s'est emparée non seulement des marchés financiers mais encore de la plupart des acteurs, à tous les niveaux. Les services hospitaliers ont été débordés par l'afflux de nouveaux malades en situation de détresse, les traders ont dû liquider leurs positions, quitte à précipiter une chute des cours boursiers qui à son tour a fait douter de la solidité des entreprises mais aussi des banques, de sorte que les pouvoirs publics ont dû augmenter le volume de leurs promesses en termes de subventions en matière de temps partiel comme de garantie des actifs financiers menacés. Les ajustements à la baisse se sont transmis de secteur en secteur : la chute du transport aérien se répercute sur la demande de pétrole qui menace de faillite nombre de producteurs, ce qui relance le mouvement baissier de la Bourse. Progressivement, tous les secteurs sont touchés et rares sont ceux qui prospèrent (la recherche médicale, le commerce en ligne, les livraisons à domicile...).

Comme il a déjà été souligné, ce processus d'effondrement en chaîne tient à la conjonction de deux incertitudes radicales, rebelles au calcul rationnel : d'un côté, les épidémiologistes sont désarçonnés par ce nouveau virus dont ils ne découvrent les propriétés que pas à pas ; de l'autre, les gouvernements tâtonnent dans leur politique de soutien à l'activité qui suscitent d'abord l'assentiment des financiers puis, dans un second temps, leur doute, car entre-temps le nombre de malades et de décès s'est accru. Or telle est la variable qui polarise les anticipations de la plupart des acteurs : une sortie de crise suppose l'arrêt puis la réduction de l'épidémie, ce qui est une nouveauté par rapport à la grande crise financière de 2008, surmontée grâce à l'instauration d'un nouveau régime réglementaire, résultat de l'interaction entre financiers et gouvernement. En 2020, la solution de la crise économique qui vient dépend aussi et surtout de facteurs extra-économiques, en l'occurrence du progrès des connaissances médicales.

Les quatre leviers pour l'action publique

Il est possible de décrire ces enchaînements de façon schématique. Le propos est d'articuler une série de mesures qui favorisent certaines rétroactions positives, susceptibles de bloquer l'entrée en résonance des divers processus ayant conduit à la crise (figure 4.2). C'est l'aggravation du nombre de contaminations par le virus qui fait basculer l'opinion publique et les acteurs économiques de l'insouciance (une

« grippe comme les autres ») à l'anticipation d'une évolution potentiellement catastrophique. Les marchés financiers sont typiques de tels renversements brutaux. Dès lors, une sortie de la crise économique suppose la découverte et la mise en œuvre d'une stratégie de lutte contre la pandémie efficace et perçue comme telle par tous.

Il faut aussi enrayer l'inquiétude qui tient à la constatation que les aides publiques de plus en plus importantes risquent de déboucher à terme sur des dettes publiques insoutenables. Redresser l'anticipation d'une contraction de l'activité sans précédent depuis la Seconde Guerre mondiale appelle l'élaboration d'un plan public, crédible et si possible efficace. C'est une deuxième condition de retour à une certaine résilience de l'économie.

Calmer les peurs des financiers qui tendent à s'exacerber du fait de leur propre stratégie n'est pas une tâche aisée pour les banques centrales. En effet, pour rembourser les crédits qu'ils ont accumulés pendant la période d'euphorie boursière, ils procèdent à des ventes de détresse de leurs actifs dont le prix s'effondre, sous l'hypothèse que le marché puisse s'ouvrir et que n'aient pas disparu les acheteurs. Une telle course à l'abîme – théorisée par l'économiste américain Irving Fisher en 1933 – fait prendre conscience aux financiers qu'il n'est nulle valeur fondamentale vers laquelle les cotations vont finir par converger. Ils se tournent alors vers la Banque centrale qui est le fournisseur de liquidités en dernière instance. C'est ainsi que fut surmontée la crise des *subprimes* de 2008. Pourtant la crise du coronavirus apporte une difficulté supplémentaire : plus le confinement est étendu et respecté, moindre est le nombre d'entreprises encore en activité. Et la plupart d'entre elles sont loin d'être assurées de survivre dans le contexte qui émergera une fois la pandémie vaincue. De ce fait, les banquiers centraux les plus orthodoxes redoutent une flambée de l'inflation. Un tel débat traverse les délibérations de la Banque centrale européenne. Réinstituer un régime monétaire et financier est la troisième condition d'une sortie de la présente crise.

La pandémie s'est déployée à la surface du globe, mais à des rythmes différents d'une société à l'autre. À la recherche d'une diversification de leur portefeuille dont la valeur s'est effondrée, les financiers ont du coup déplacé leurs actifs dans les pays qu'ils estimaient les mieux placés pour traverser la crise sanitaire. La volatilité des taux de change témoignait de cette stratégie qui a eu pour effet d'accentuer la différenciation des trajectoires nationales. *Quid* des économies latino-américaines si les capitaux se réfugient aux États-Unis et précipitent une nouvelle crise de la dette en Argentine ou au Brésil ? Que penser des possibilités de lutte contre la pandémie dans la plupart des pays africains ? Ainsi un épisode qui devrait susciter la formation d'un bien public mondial, la sécurité sanitaire, débouche sur un fractionnement en autant d'espaces nationaux.

Les deux conditions d'une sortie de crise

« La difficulté n'est pas de comprendre les idées nouvelles, mais d'échapper aux idées anciennes », écrivait Keynes. En effet, dépasser le trilemme qui bloque acteurs et gouvernements dans la maîtrise de la situation suppose une double rupture quant aux représentations des sociétés contemporaines. D'une part, s'impose une inversion de la hiérarchie des temporalités au sens où le moyen-long terme doit piloter le court terme, ce qui revient à mettre sous contrôle le temps de la finance, puis de l'économie. D'autre part, il faut abandonner l'hypothèse d'une détermination des sociétés par l'économie (en dernière instance dirait Marx) : il n'a pas suffi d'investir des milliards de dollars, pendant près de quarante ans, dans la recherche d'un vaccin contre le sida pour en trouver un ! Toutes les activités humaines et sociales ne marchent pas du même pas.

Le temps de la lutte contre le coronavirus doit s'imposer au politique et à la finance

Dès la *Théorie générale*, les économistes auraient dû apprendre qu'il est illusoire de vouloir synchroniser l'activité économique avec les accès d'optimisme puis de pessimisme propres aux évaluations boursières. L'irruption de la pandémie et la multiplication des mesures de confinement ont débouché sur ce que la presse financière a fini par appeler la « grande fermeture », belle invention sémantique afin de distinguer cette crise de la « grande récession » d'après 2008, elle-même bien moins grave que la « grande dépression » de 1929 à 1932. Le virus a imposé sa puissance et sa temporalité à presque toutes les sphères de la vie en société et rendu largement obsolètes les indicateurs qui hier mesuraient la performance : production et chômage quand les salariés sont empêchés de travailler, cours de la Bourse affolés par la profondeur et multiplicité des incertitudes qui continuent à les hypothéquer (voir figure 4.3).

Synchroniser avancées dans la lutte contre le coronavirus et reprise économique

Finalement, le coronavirus invitait à développer une stratégie originale qui n'était pas sans rappeler les périodes de reconstruction et de modernisation qu'a connues la France : tous les moyens humains et financiers nécessaires sont mis au service de la santé publique et du mode de vie qu'elle implique. À chaque étape, il s'agit de surmonter les pénuries qui limitent la détection des cas d'infection, les équipements de soignants en masques et médicaments nécessaires aux réanimations. Une fois réduit le pic des infections, surmontées par le succès de ces efforts, les moyens doivent se déployer vers la recherche biologique, médicale et épidémiologique, sans oublier celle portant sur les déterminants sociaux de la diffusion du coronavirus. Ainsi peut s'amorcer une spirale vertueuse caractérisée par les avancées de l'économie au rythme des dispositifs permettant de vivre et travailler avec le virus (voir figure 4.4). Laissons ouverte la question centrale : pourra-t-on l'éradiquer ou sera-t-il durablement présent comme le sont nombres d'autres attaques virales ?

Horresco referens, si les Bourses continuent à être traversées de mouvements chaotiques chaque fois qu'une nouvelle incertitude brouille les anticipations, pourquoi ne pas ouvrir les transactions une seule fois par semaine et pour une durée limitée ? Dans ce cas, chaque trader se doit de forger sa propre opinion et se trouve ainsi réduit le dévastateur mimétisme né de l'incertitude radicale, source d'arbitraires emballements boursiers (voir chapitre 3). Ce n'est que l'actualisation d'une proposition due autrefois à Maurice Allais (1911-2010), vite oubliée à l'époque de la déréglementation financière. Pourrait-on de la sorte espérer des évaluations plus raisonnées et robustes des titres, à la lumière des nouvelles informations livrées par les acteurs et les pouvoirs publics ? Au demeurant, le crédit bancaire n'est-il pas la forme la plus efficace de financement de l'investissement, ce que ne font plus les Bourses (voir chapitre 9) ?

Pour rendre encore plus problématique la légitimation des plans gouvernementaux, qui n'ont pas toujours montré leur efficacité, des mesures de confinement puis la volonté de « tester, tracer, isoler » peuvent, comme on l'a vu, entrer en conflit avec les droits fondamentaux des citoyens. C'est une source de conflits politiques à venir, car la pandémie accentue la polarisation des sociétés, comme il a été souligné dans le chapitre 3. Mais c'est aussi l'origine d'une question centrale. Quelle est la place de la santé dans les sociétés contemporaines : secteur dispendieux et mal géré ou cœur des sociétés humaines et mode de développement du futur ?

5

Un mode de développement émergent centré sur la santé, l'éducation et la culture ?

> « Le genre humain est aussi maltraité que la planète par le capitalisme. C'est pourquoi la cause anthropologique doit être prise au sérieux tout autant que la cause écologique. »
>
> Lucien Sève (1926-2020), *Penser un monde nouveau, à vos souhaits*, 2013.

Avec le quasi-arrêt des économies, chacun s'est mis à imaginer que le coronavirus fournissait une occasion à ne pas laisser passer, car il était à l'ordre du jour d'éliminer tous les défauts qui frappaient les sociétés contemporaines : excès de la « globalisation », oubli de l'écologie, précarisation des salariés, montée des inégalités, caractère régressif de la fiscalité, perte de légitimité des gouvernements, retard des services publics, régression de la démocratie, entre autres. C'est supposer que les grandes crises ont pour fonction de corriger les limites du régime socioéconomique du passé. Si tel est le cas, l'année 2020 devrait augurer de la reconnaissance du rôle primordial de la santé comme condition à la densité des relations sociales et prémisse d'un retour à la prospérité économique, fondée sur la recherche du bien-être et non plus sur la croissance de la production marchande. Hélas, la situation n'est pas aussi simple : une logique fonctionnaliste est loin de gouverner les sorties des grandes crises.

Le secteur de la santé fragilisé par les transformations antérieures au coronavirus

Depuis les années 2000, la plupart des gouvernements ont multiplié les réformes afin de contrôler une croissance des coûts de la santé, bien supérieure à celle de l'industrie ou même des autres services. La pandémie est de ce fait venue frapper un système hospitalier sous tension, car l'application des méthodes de gestion en vigueur dans le reste de l'économie avait freiné l'embauche de personnel et souvent désarticulé les collectifs de travail.

Contrôler les coûts pour préserver le dynamisme économique et la compétitivité

Dans les pays européens, la couverture de la santé est partie intégrante d'un régime de couverture sociale à vocation universelle dont le financement est assuré soit par des cotisations payées par les entreprises et les salariés dans les systèmes bismarckiens, soit par la fiscalité dans ceux inspirés par lord Beveridge. Dans l'un et l'autre cas, la croissance des dépenses de santé est perçue comme un obstacle à de bonnes performances macroéconomiques. Si le renouvellement fréquent des équipements que sont les ordinateurs, tablettes et téléphones est considéré comme allant de soi, il n'en n'est pas de même pour les dépenses de santé, puisqu'elles résultent d'une mutualisation des risques qui est supposée source d'inefficacité économique, si ce n'est d'abus car les coûts se répercutent sur le reste de la société. C'est ce qui explique que la privatisation de l'assurance-santé soit souvent considérée comme la solution, quitte à multiplier les laissés-pour-compte, comme il est observé aux États-Unis. Dans les grands pays riches, avant 2020, le pilotage de la santé était décidé en fonction des objectifs de la politique économique générale et non pas sanitaire. Dans les autres pays, en voie de développement ou émergents, les avancées de la santé sont attendues comme conséquence du succès de la croissance, de sorte que le sous-investissement est patent et l'inégalité d'accès fragilise ces pays en cas de pandémie, ce dont a témoigné la situation du Brésil.

Une mondialisation des biens de santé

Dans le domaine de la recherche médicale, des médicaments et des instruments médicaux, de puissantes firmes multinationales ont optimisé leur rentabilité par la délocalisation des chaînes de production vers la Chine et dans une moindre mesure l'Inde. Ainsi ont été baissés les prix, stratégie qui avait l'assentiment des autorités de régulation du secteur de la santé car la dépense publique s'en trouvait réduite d'autant. Tant que les marchés mondiaux sont ouverts et que les demandes des divers pays ne sont pas fortement synchronisées, opère le miracle de la division du travail et ce à l'échelle internationale : sans aucune vision d'ensemble et encore moins de planification publique, chaque jour, hôpitaux, médecins, pharmacies peuvent trouver chez leurs fournisseurs ce qu'exige leur activité. Certes, à la fin des années 2010, certains médicaments de base s'étaient faits rares et ils étaient produits au loin.

Ce qui n'était qu'un coût devient un actif vital

À partir de mars 2020, la situation se renverse dramatiquement : la progressive diffusion du coronavirus de la Chine à l'Europe puis aux États-Unis et finalement à l'Amérique du Sud fait apparaître une pénurie mondiale de masques, de respirateurs et même de certains génériques. Les autorités nationales constatent alors que la production nationale a presque disparu et qu'elles sont en concurrence frontale pour commander en urgence les équipements nécessaires pour limiter la mortalité.

Le rôle des nouvelles maladies dans l'émergence de la médecine

Dans les sociétés riches, en dépit du sida, les décideurs en étaient venus à penser que la modernité de la science médicale et la sophistication de leur système de soins les mettaient à l'abri des épidémies qui, telle Ébola, avait durement frappé certains pays africains. C'était oublier que le savoir médical dérive de la somme des réponses ayant été apportées dans le passé aux nouvelles maladies qui n'ont cessé de menacer la santé des populations. Contrairement à la science physique dont les acquis permettent de répondre à de nouvelles demandes techniques, l'extraordinaire essor de la biologie n'a pas, jusqu'à présent, débouché sur une théorie générale des virus qu'il aurait suffi d'appliquer au coronavirus pour produire médicaments et vaccins. La médecine est fille de l'histoire des maladies et des efforts pour les surmonter, de sorte que chacune d'entre elles marque une étape dans sa construction. On retrouve l'incertitude radicale qui est au centre de l'actualité depuis l'irruption de la pandémie (voir chapitre 3).

Systèmes de santé et couverture sociale évoluent de concert

La même caractéristique se retrouve en matière d'organisation des systèmes de couverture sociale : ils se construisent par confrontation avec des risques qui n'ont pas de précédent. Les travaux des historiens sont nombreux à faire ressortir que la reconnaissance des maladies résulte de processus de construction conceptuelle et sociale, donc par nature évolutive.

Lorsque l'accumulation des connaissances permet de découvrir et de mettre au point des procédés de traitement efficaces, leur mise en pratique et leur diffusion font alors intervenir la capacité de paiement des individus et par extension de la société dans laquelle ils vivent. Cela suppose d'abord une économie suffisamment productive pour que le surplus de richesse puisse être affecté aux soins médicaux, et ensuite des formes d'organisation et de financement permettant l'accès aux soins. En effet, le coût d'un nouveau traitement peut être sensiblement supérieur à celui des pratiques traditionnelles et dépasser la capacité de paiement individuelle, ce qui appelle la mutualisation du risque de maladie, au sein de la famille, d'un groupe social ou encore à travers la souscription d'une assurance privée et finalement la constitution d'un système intégré de soins à l'échelle d'une collectivité. À leur tour, ces formes d'organisation et de financement rétroagissent sur l'orientation de la recherche médicale, tant à travers le volume global de ressources affectées à la santé qu'en conséquence de la poursuite des objectifs propres à chacune des entités composant le système de santé (voir figure 5.1).

Le moment du coronavirus fera date

Il a été risqué de nier la spécificité de l'hôpital qui n'est pas l'équivalent d'un centre de profit d'une multinationale de la distribution, ne serait-ce que parce que la qualité de la coopération entre professionnels est à l'origine de la qualité des soins et de la performance médicale et non de l'application d'un modèle des affaires inventé dans une lointaine école de commerce. La limitation des investissements conduit à l'impossibilité de répondre aux aléas qui sont typiques en médecine, petits ou grands : catastrophe naturelle, guerre, pandémie. Le mot clé est devenu « résilience », à savoir la capacité d'adaptation à l'imprévu. L'amorce d'une collaboration, dans l'urgence, entre hôpital public, clinique et médecine de ville a témoigné du dépassement de l'illusion selon laquelle la privatisation serait l'avenir du système de santé.

Le projet, poursuivi avec persévérance, de contenir le coût de la santé a eu pour conséquence de faire dégringoler les salaires des soignants par rapport à ceux d'autres professions en France et de leurs homologues en Europe, au point de décourager les vocations et d'alimenter revendications et protestations, voire grèves administratives. Le pouvoir politique a été contraint de reconnaître cette impasse par un hommage à ces héros modernes. Le budget public, assailli de demandes multiples des salariés menacés de chômage de masse et d'entrepreneurs menacés de faillite, permettra-t-il de maintenir dans la durée cette revalorisation du secteur de la santé ? Ce n'est pas concevable sans un sérieux réexamen de ce que représente la santé dans les économies contemporaines (voir tableau 5.1).

Et si l'histoire moderne était celle de la silencieuse émergence d'un mode de développement original ?

Un tel détour théorique est essentiel, car dominent encore dans l'esprit des décideurs et l'enseignement de la discipline économique des concepts qui bloquent ce qui pourrait être le mode de développement du XXIe siècle.

Un retour salutaire sur la finalité de l'économie

Dans le passé, les analystes avaient tendance à considérer que l'amélioration de la qualité de la vie et son allongement résultaient de l'enrichissement de la société qui pouvait consacrer plus de moyens au secteur de la santé. Aujourd'hui, les théoriciens et les praticiens insistent aussi sur l'impact de l'éducation et de la santé sur le processus de développement. D'une part, cela améliore les compétences, y compris en matière de soins de santé apportés au sein des familles par les femmes (Esping-Andersen, 2008). D'autre part, la réduction de la mortalité infantile et la victoire sur les grandes épidémies changent le régime démographique, ce qui permet d'obtenir un dividende démographique à travers, par exemple, le rajeunissement de la population. Simultanément, l'investissement dans l'éducation générale et la formation apporte un surcroît de bienfaits grâce à l'allongement de la durée du cycle de vie, y compris professionnel, ce qui en retour accroît le rendement des politiques d'éducation (voir figure 5.2).

« C'est la théorie qui décide de ce que nous pouvons observer », prévenait Albert Einstein. À la lumière de la théorie qui précède, ce qui était analysé comme dysfonctionnement d'une économie marchande, capitaliste, cognitive apparaît comme déploiement d'un régime fondé sur la production de l'humanité par l'humain.

L'irrésistible croissance du secteur de la santé

Si l'on quitte le temps court de la conjoncture et que l'on se projette à l'échelle de plusieurs décennies, ces analyses font apparaître les linéaments d'un modèle de développement qui est rarement reconnu en tant que tel. Les discussions contemporaines portent le plus souvent sur les chances et les obstacles à l'émergence d'un régime qui surmonterait les problèmes écologiques. D'autres analystes continuent à miser sur les retombées d'une économie de l'information puis de la connaissance. Peut-être faudrait-il aussi considérer la possibilité d'un développement qui serait centré sur l'éducation et la santé, mais aussi la culture. Cette hypothèse a été développée de façon précoce à propos de l'impact des systèmes de couverture sociale (Théret, 1997) et reprise à l'occasion d'une réflexion sur les successeurs au régime fordiste (Boyer, 2002).

Quels sont les indices en faveur d'une telle hypothèse ? Il importe de revisiter d'abord l'histoire longue américaine, car les États-Unis demeurent le pays qui continue à explorer la frontière technologique non seulement en matière de biens et de services, y compris financiers, mais aussi d'innovation médicale. N'est-il pas remarquable que la part des biens durables dans la consommation totale des ménages y soit sensiblement constante depuis l'établissement de la consommation de masse, alors que les dépenses médicales n'ont cessé de croître en longue période au-delà de quelques phases de stabilisation ? D'ores et déjà, le secteur de la santé a supplanté celui des biens durables (voir figure 5.3).

Santé, éducation et culture ont remplacé la production industrielle de masse

Il n'est pas surprenant de constater que tant l'agriculture que l'extraction n'occupent plus qu'une part minime dans l'emploi total de l'économie américaine. Durant les années 1970 et 1980, c'était encore l'industrie manufacturière qui représentait le secteur le plus important, non seulement en termes de volume d'emploi mais encore de dynamique de création et de répartition des gains de productivité. Les deux décennies suivantes ont enregistré l'émergence de l'ensemble constitué par la santé, l'éducation et les loisirs comme premier employeur à l'échelle des États-Unis, selon une progression que la crise ouverte en 2008 ne semble pas avoir freiné. *A contrario*, cette dernière a marqué l'arrêt de la progression de l'emploi dans la finance et les services aux entreprises (voir tableau 5.2).

Ce résultat est intéressant par rapport à la chronologie des régimes d'accumulation qu'ont proposée les recherches inspirées par la théorie de la régulation. Il semblerait qu'un capitalisme dominé par la financiarisation (Aglietta et Rebérioux, 2004 ; Boyer, 2011) cède silencieusement le pas à un capitalisme que l'on a qualifié en introduction de ce livre comme « anthropogénétique ». Il est sans doute abusif de regrouper les évolutions correspondantes sous l'égide par exemple d'un unique « capitalisme cognitif » (Moulier-Boutang, 2007), car leurs conséquences en termes de dynamique économique et de reconfiguration des relations sociales sont bien différentes. Mais il est en tout cas remarquable que les deux grandes réformes de la présidence de Barak Obama aient été une tentative de réglementation de la finance – entravée par la puissance des groupes de pression de Wall Street – et une réorganisation de l'assurance-santé visant à assurer une meilleure couverture pour l'ensemble de la population. Par contraste, la présidence de Donald Trump a cherché à consolider les secteurs traditionnels, industriels ou miniers. On mesure au passage le rôle des alliances politiques dans l'émergence ou au contraire la persistance des régimes socioéconomiques et des modes de développement (voir chapitre 9).

La santé entre marchandise et bien collectif

La pandémie de la covid-19 invite donc à revisiter le débat sur la santé, marchandise ou bien collectif, qui anime l'économie politique depuis l'émergence de la discipline à la lumière de l'expérience historique de deux pays, les États-Unis et le Japon.

Le principe de concurrence peut être dispendieux et excluant

La configuration américaine, fondée sur la croyance en l'efficacité du marché, exclusive de toute forme de coordination, a peu de chances de faire école : elle est coûteuse et inégalitaire, car divers obstacles idéologiques et politiques empêchent le plein épanouissement d'un système organisé rationnellement sous l'égide de l'État. La réaction du système de santé américain à la covid-19 a illustré ces faiblesses : l'absence de coordination entre Washington et les États fédéraux et la polarisation sociale de l'accès aux soins ont été à l'origine d'un lourd bilan pour les moins favorisés.

L'organisation collective et le lien social importent

Un autre pays, le Japon, a exploré de longue date une possibilité de mise en œuvre du modèle anthropogénétique (voir tableau 5.3). L'espérance de vie des Japonais est significativement supérieure en moyenne à celle des Américains, les dépenses de santé sont inférieures de près de 40 % par rapport à celles des États-Unis, alors même que la proportion de la population âgée est bien supérieure. La part des dépenses publiques consacrées à l'éducation est inférieure, mais l'accès à l'enseignement supérieur est meilleur au Japon qu'aux États-Unis. Et, si l'on en juge par la fréquence des crimes et des homicides, la société nipponne est plus pacifiée que celle des États-Unis. Enfin, les inégalités sont bien inférieures. Seule ombre au tableau, certes importante, le taux de fertilité nippon implique un vieillissement et une réduction de la population. D'un côté, cette évolution dérive très largement de l'inégalité du statut économique entre hommes et femmes et c'est donc l'une des faiblesses de cette version d'un modèle anthropogénétique. Mais, d'un autre côté, c'est le point de départ d'une reconfiguration de l'ensemble de la société et de l'économie japonaise (Akihiko, 2006). Puisque que le retour à une croissance rapide est devenu hors de portée à l'ère du postcoronavirus, pourquoi ne pas tenter d'organiser partout dans cette perspective une économie de la prospérité, centrée sur la recherche de la qualité de la vie ?

Les héros du coronavirus seront-ils reconnus comme acteurs collectifs d'un nouveau régime socioéconomique ?

Il est temps d'aborder la question centrale qui se dégage de la présente analyse : la pandémie a-t-elle renforcé la probabilité d'établissement de la logique anthropogénétique comme principe de recomposition des sociétés ?

Vers des choix budgétaires difficiles, alors que le chômage menaçait

En France, la part des dépenses publiques et des transferts sociaux dans le PIB est l'une des plus élevées des pays de l'OCDE. De plus, avant l'irruption de la covid-19, la politique économique visait à relancer la production en contenant les demandes des perdants en faveur d'une répartition plus égalitaire des services publics sur le territoire national, ce qui fut la revendication première des Gilets jaunes. L'utilité d'un service de santé étendu et efficace a été presque unanimement reconnue. Et l'acceptation du creusement des déficits du budget de l'État et des systèmes de couverture sociale a été encouragée par la possibilité de leur financement à un taux quasi nul du fait du complet relâchement de la contrainte de liquidité par la BCE. Ce qui était d'autant mieux venu que le gouvernement avait programmé, au titre de la réforme des retraites, une revalorisation de la carrière des enseignants – car l'école est, plus que jamais, la matrice de la citoyenneté pour s'insérer dans un monde économique en rapide transformation. La troisième composante de la logique anthropogénétique qu'est la culture constitue sans doute le secteur le plus dévasté par la lutte contre la propagation du virus. Ces trois secteurs (santé, éducation et culture) pouvaient donc légitimement définir les priorités du gouvernement.

Mais, face à une lente et problématique reprise de l'activité au sortir du déconfinement, les appels au secours se sont multipliés, ceux des entreprises qui avaient durablement perdu leur marché (automobile, aéronautique, transport aérien, tourisme...), des indépendants dont l'activité ne pouvait reprendre, des salariés qui ne retrouvaient plus un emploi après la fin des subventions au temps partiel, des familles les plus défavorisées qui retombaient dans la pauvreté. L'hypothèse d'une explosion de la dette publique, encore plus forte qu'envisagé en mars 2020, pouvait alors légitimer, aux yeux des « décideurs » tenants par principe de l'austérité budgétaire, l'objectif de reporter l'avènement d'un mode de développement émergent au profit d'actions de défense des finances publiques. Voire celui de susciter un retour en force de l'orthodoxie budgétaire et monétaire, défendue par tous les perdants potentiels d'un éventuel changement des priorités gouvernementales. On peut sur ce point évoquer les travaux riches d'enseignements d'économistes ayant démontré la difficulté de construction en France depuis les années 2000 d'un bloc hégémonique capable de promouvoir une politique publique vraiment « alternative » (Amable et Palombarini, 2018).

Quelles alliances politiques ?

Nul doute que la plupart des agents de l'État, des collectivités locales et des établissements publics apporteraient leur soutien à un tel programme, même si, en l'occurrence, ils sont à la fois juge et partie. Logiquement, tous les groupes sociaux dont le niveau de vie dépend de façon cruciale de l'offre de biens et services collectifs ont aussi intérêt à cette priorité. Dans une société totalement démocratique dans laquelle chacun serait porteur d'une voix et dont le système des partis capterait la diversité des intérêts et des orientations idéologiques, une majorité pourrait se dégager en faveur de cette réorientation vers une économie du bien-être.

Mais, *a contrario*, la concentration du pouvoir économique et sa capacité à fortement influencer les politiques des États ont attribué un rôle disproportionné à un petit nombre d'acteurs opérant à l'échelle mondiale (Cagé, 2019). On peut ainsi imaginer une variante typiquement capitaliste, individualiste et élitiste d'une société dans laquelle les plus riches chercheraient à acquérir une quasi-éternité *via* une humanité augmentée, face à un océan de pauvres devenus leurs serviteurs ou domestiques. Ce scénario d'économie-fiction, non dénué de pertinence, s'inscrit dans la continuité de la distribution du pouvoir observée depuis les années 2000 (voir chapitre 6).

La pandémie de la covid-19 a en tout cas brutalement rappelé que les individus et même les civilisations étaient mortels. Cet épisode dramatique a rendu par contraste plus apparente la silencieuse affirmation d'un mode de développement social et économique dont le cœur serait l'éducation, la santé et la culture. Les réactions publiques auxquelles il a donné lieu ont rendu justice aux luttes des soignants et des enseignants, qui s'étaient auparavant heurtées à l'invocation de contraintes budgétaires, réputées infranchissables et qui ont volé en éclats face à la panique et à l'urgence.

La perspective de ce nouveau mode de développement était déjà présente, mais sa reconnaissance tardait, car il n'avait pas de place dans les représentations, pour ne pas dire les idéologies, qui inspiraient décideurs publics et politiques. Les premiers succès dans la lutte contre le coronavirus suggèrent pourtant que la coordination entre les acteurs est plus efficace que la délégation au marché de la production des biens médicaux. Cette démonstration suffira-t-elle à assurer que le modèle anthropogénétique sera celui du XXIe siècle ? Rien n'est moins sûr, car les sociétés contemporaines sont travaillées par deux grandes tendances qu'il convient de prendre en compte : celle des capitalismes d'État, qui peuvent s'emparer de la santé comme instrument de légitimation ; et celle du capitalisme de plateforme et de surveillance, qui y trouve une remarquable source de profits.

6

Accélération et dialectique du capitalisme transnational de plateforme et des capitalismes d'État

« Le présent serait plein de tous les avenirs, si le passé n'y projetait déjà une histoire. »

André GIDE (1869-1951),
Les Nourritures terrestres, 1917.

Les grandes crises du passé ont résulté du développement endogène des tensions puis des contradictions qui ne pouvaient plus être contenues au sein d'un régime socioéconomique caractérisé par le rapport salarial des Trente Glorieuses, puis par la financiarisation des décennies suivantes. Ce n'est pas le cas avec un virus venu d'ailleurs qui a contraint les gouvernements à bloquer une dynamique dans laquelle les préoccupations de santé publique étaient secondes.

Tous les acteurs ont dû réajuster leurs comportements et leurs relations

La nouveauté de la période s'est manifestée dans tous les domaines par une brutale évolution des indices économiques : verticalité des demandes d'indemnisation du chômage aux États-Unis, des subventions au temps partiel dans l'Union européenne, chute libre des cours boursiers rendant nécessaire une suspension provisoire des cotations, explosion de l'indice mesurant la volatilité, basculement des prévisions de croissance, y compris un prix négatif pour un contrat de livraison de pétrole en mai 2020, car les capacités de stockage étaient saturées.

Une rupture des régularités économiques

En matière de production, l'apparition au niveau national de pénuries de masques, de principes actifs, de respirateurs a fait prendre conscience de l'extrême allongement des chaînes globales de valeur et de concentration des approvisionnements correspondants dans certains pays, tant en Chine qu'en Inde. Les gestionnaires ont redécouvert que le juste-à-temps ne garantissait des bas coûts que si l'environnement était stable et prévisible (voir tableau 6.1).

La consommation a dû s'ajuster aux contraintes qu'imposait le confinement sur la production, réduite aux biens considérés comme essentiels : alimentation, santé, services publics de base, transport pour ceux qui continuaient à se rendre sur les lieux de production. Ce fut la découverte d'un style de vie frugal dans lequel disparaissaient nombre des services qui alimentaient la vie sociale : loisirs, spectacles, restauration, tourisme, autant de secteurs dans lesquels le face-à-face entre producteur et client est constitutif du service rendu.

L'investissement productif a enregistré un arrêt brutal, car l'entreprise a dû répondre à un ensemble d'incertitudes radicales : combien de temps allait durer la pandémie, les aides étatiques permettraient-elles d'éviter la faillite, que sera la demande au sortir de la crise, mes fournisseurs auront-ils disparu ?

La demande publique a elle aussi été entravée par l'arrêt des activités non essentielles. Par contraste, les transferts aux entreprises et aux ménages ont explosé car l'État s'est porté assureur en dernier ressort face à une incertitude systémique. La contrainte financière pesant sur l'État a semblé brutalement abolie, car les banques centrales se sont déclarées prêtes à soutenir les gouvernements « quoi qu'il en coûte ».

Le commerce international, qui n'était déjà plus le moteur de la croissance mondiale depuis une décennie, a également été victime de l'incertitude radicale et plus encore de la montée d'un protectionniste ouvert aux États-Unis, si ce n'est rampant ailleurs. On mesure l'ampleur de l'encadrement institutionnel qui canalisait et guidait la dynamique macroéconomique. Précisément, la crise allait-elle durablement affecter l'architecture institutionnelle héritée de la dernière décennie ?

Toutes les formes institutionnelles ont été affectées

L'organisation du travail et plus généralement le *rapport salarial* ont subi des transformations considérables durant l'arrêt de la production (voir tableau 6.2). L'un des plus spectaculaires est sans doute le bond dans l'usage du télétravail : auparavant limité à quelques entreprises innovatrices et à la hiérarchie salariale, il s'est rapidement diffusé à l'ensemble des tâches qui n'impliquent pas la transformation de la matière ou le face-à-face entre fournisseurs de services et clients. Certaines entreprises ont annoncé que le télétravail pourrait devenir la norme, et la présence dans l'entreprise partielle. Ainsi, l'épisode du coronavirus accentue la division au sein des salariés en fonction de leurs aptitudes à maîtriser les techniques de l'information et de la communication et du type de contrat qui les lie à leur entreprise.

Le *régime de concurrence* a été fortement affecté. D'un côté, les entreprises du numérique prospèrent, car elles soutiennent une part croissante d'une consommation réduite en volume mais redéployée sur les nécessités du moment. De l'autre, les activités en retard dans le commerce électronique et plus encore tous les services traditionnels n'évitent la faillite que grâce aux programmes publics de soutien aux entreprises et salariés. En outre, des secteurs entiers, tels le transport aérien, la construction aéronautique, l'automobile, le tourisme et la restauration, redoutent de ne jamais retrouver leur niveau d'activité antérieur. Il se peut en effet que la destruction l'emporte sur les vertus créatrices du processus de sélection et d'apprentissage observé dans les grandes crises. La concentration de la production et de la richesse est lourde de menaces quant à la légitimité du régime socioéconomique en cours de gestation.

L'*insertion internationale* a fait aussi l'objet d'une réévaluation plus ou moins radicale selon les sociétés. La constatation d'une interdépendance aiguë, loin de susciter une coordination internationale – ce qui est le cas pour les chercheurs travaillant sur le coronavirus –, a précipité un mouvement typique de sauve-qui-peut et de chacun pour soi : blocage des exportations nationales des biens liés à la lutte contre la pandémie, surenchère pour acquérir ces mêmes biens, rachats de start-up prometteuses et réciproquement blocages de ces rachats. Le fait que le virus circule à travers la mobilité internationale des individus a justifié une fermeture d'abord sélective puis générale des frontières, même en Europe. Sur ce point encore, le coronavirus a accentué les tendances déjà présentes depuis au moins une décennie : fin du rôle moteur des exportations dans la croissance mondiale, redéploiement des investissements directs, réduction de la diversification internationale des placements financiers, conflits récurrents autour de la protection des droits de propriété intellectuelle.

Le retour d'un *État massivement interventionniste* est alors observé non seulement en Europe, terre traditionnelle de l'économie mixte, mais aussi aux États-Unis, réputés défenseurs du marché comme condition d'efficacité économique. Ce retour avait déjà permis de surmonter, mais avec difficulté, la grande crise financière de 2008, puis celle de l'euro en 2011. En 2020, les interventions mobilisent toute la panoplie des outils de la puissance publique – garantie de crédit, subvention, réduction ou report d'impôts, transferts sociaux et relâchement complet des limites au refinancement par la banque centrale – et selon des volumes dont l'unité de compte est devenue la centaine de milliards de dollars ou d'euros. Le coronavirus pousse les feux de ce rôle de l'État qui justifie une impressionnante socialisation des pertes en tant qu'assureur d'une incertitude radicale parce que systémique.

Sont-ce là des perturbations transitoires qui vont se résorber par un retour à ce qui apparaît rétrospectivement comme un âge d'or pour certains, un enfer pour d'autres – qui proposent au contraire une mise à distance de toutes les pratiques passées ? Ces changements marquent-ils la consolidation de régimes dont l'émergence n'avait pas été correctement diagnostiquée auparavant ?

Capitalisme de plateforme et société de surveillance : une consolidation

Ainsi ressort une nouveauté de la situation. Les grandes crises (1929, 1973) du passé accéléraient la disparition d'un régime socioéconomique structurellement déstabilisé par ses tensions internes. En 2020 au contraire, un choc, essentiellement non économique, fait mûrir un capitalisme de plateforme transnational, bâti sur le rassemblement et le traitement étendu d'une énorme masse d'informations recueillies en temps réel. Le coronavirus serait donc un catalyseur, un accélérateur de transformations inscrites dans le temps long.

Avant 2020 : une lente puis impressionnante ascension

L'avènement de ce régime a été annoncé dès la percée des nouvelles technologies de l'information et de la communication dans la décennie 1990, mais la Bourse s'était emballée, de sorte que la bulle spéculative de l'Internet a éclaté en 2000, bien avant que ces innovations aient porté tous leurs fruits. Les acteurs de cette révolution technique avaient oublié la leçon des historiens et des spécialistes des innovations qui font époque : le germe que constitue la percée technique n'est que la première phase d'un long processus au cours duquel se multiplient les innovations dérivées et les applications. Plus encore, l'organisation des firmes, les infrastructures publiques, les systèmes de formation, le droit et les interventions de l'État doivent former un régime à peu près cohérent, capable d'impulser un régime d'accumulation sans précédent.

Ainsi, les grandes entreprises qui alimentaient les espoirs des financiers en 2000 se nommaient Microsoft, General Electric, Cisco ou Intel et appartenaient au secteur de l'équipement, c'est-à-dire de l'infrastructure matérielle de ce qui était supposé déboucher sur l'économie de la connaissance. En 2020, Microsoft est le seul rescapé de cette liste, car ce sont alors Apple, Amazon, Alphabet (maison mère de Google) et Facebook qui soutiennent la remontée des cours boursiers (voir figures 6.1 et 6.2). Ces multinationales sont présentes dans le monde entier et prospèrent par l'organisation d'une place de marché numérisée et surtout la collecte et le traitement de grandes bases de données couvrant la plupart des secteurs d'activité, dont l'exploitation livre des rentabilités sans commune mesure avec celles des secteurs traditionnels qui restent attachés à la transformation de la matière.

Ces entreprises font partie d'un écosystème complet qui mobilise la flexibilité des contrats tant de travail que de prestations de services, la valorisation de leur capital intangible par les acteurs de la Bourse, les extraordinaires capacités de captation de valeur au détriment des activités traditionnelles, sans oublier une fiscalité légère que permet la mise en concurrence des États pour en accueillir les établissements, ni les paradis fiscaux dont la libéralisation financière internationale avait permis la multiplication.

Les GAFAM, tout au long de la décennie 2010, n'ont cessé de conquérir des parts de marché, de cumuler les plus-values boursières et d'investir massivement dans la recherche et le développement, pour finalement acquérir un pouvoir certain vis-à-vis d'États-nations réduits à l'administration d'un territoire et incapables de se coordonner pour imposer des règles internationales communes, par exemple en matière de fiscalité. Enfin, c'est au sein de ces entreprises que s'organise une nouvelle division internationale du travail sur laquelle les autorités publiques nationales et les organisations de l'ONU n'ont que peu de contrôle.

Dans la crise du coronavirus, le capitalisme numérique manifeste toute sa puissance

Quand survient la pandémie, la situation est radicalement nouvelle pour la plupart des acteurs, mais elle ne l'est pas pour l'économie numérique, qui se révèle en syntonie avec le contexte du confinement. À l'époque de la distanciation physique, les entreprises qui ont par exemple adhéré au e-commerce peuvent continuer à répondre aux demandes de leurs clients, pour autant bien sûr que soit assurée la continuité de la logistique, domaine clé pour Amazon par exemple. Ainsi s'opère une bifurcation entre les firmes ayant pleinement intégré les outils d'une gestion intégrée et numérisée – y compris le télétravail – et celles qui doivent s'adapter en hâte dans un contexte de quasi-disparition de leur demande et de risque de faillite.

Le caractère transnational des réseaux organisés par les GAFAM leur permet de contrecarrer pour partie les mesures protectionnistes que la panique sanitaire suggère aux gouvernements : en un sens, ils limitent le ralentissement puis la contraction du commerce mondial. Au passage, le capitalisme de plateforme étend son influence en recrutant de nouveaux clients, hier réticents à leur égard.

L'insolente santé financière des GAFAM s'oppose à la forte dépendance au crédit des autres entreprises. Le tarissement de la trésorerie de ces dernières rend nécessaires les garanties de crédit accordées par les plans de soutien et leur solvabilité devient problématique à mesure que dure le confinement. Les GAFAM ont de grandes chances de survivre et de se renforcer, ce qui n'est pas le cas de toutes les entreprises dont la rentabilité disparaît si perdure la distanciation sociale (transport aérien, tourisme, restauration, spectacles, culture).

Par ailleurs, la maîtrise d'un flux de données en temps réel concernant la mobilité des individus, leurs transactions, leurs préoccupations, leurs fréquentations et leurs orientations (y compris politiques) donne au capitalisme numérique un avantage informationnel sans précédent, comparé à la relative lenteur des appareils statistiques d'État. C'est un handicap tel que les administrations publiques doivent faire appel à ces bases de données privées pour décider de leur politique. C'est tout particulièrement le cas concernant le suivi des victimes du coronavirus : compagnies de téléphonie, Google et Apple ont développé des applications de traçage plus rapidement que ne l'ont fait les autorités sanitaires. D'où un dilemme : les citoyens devraient-ils accepter au nom de l'impératif de santé publique une société de surveillance qu'ils redoutaient auparavant ? Celle d'un système décentralisé privé invasif ou public et réputé anonyme, mais lourd de menaces pour les libertés des citoyens si une surveillance présentée comme provisoire se transforme en dispositif permanent (voir chapitre 4) ? De même, en matière d'enseignement à distance, les systèmes éducatifs doivent-ils adopter les produits standardisés des GAFAM ou ont-ils encore les capacités de concevoir des outils propres adaptés à leurs objectifs ?

Cette concentration de la connaissance sur les sociétés et l'abondance des moyens financiers expliquent que quelques-uns des programmes de recherche les plus ambitieux soient le fait de quelques grandes multinationales (la mobilité de demain, la poursuite de la conquête de l'espace, l'humanité augmentée). En effet, les sommes investies dépassent la capacité financière de la plupart des gouvernements : elles construisent un futur plus efficacement que les livres blancs et les délibérations démocratiques.

Si l'on suit cette analyse, le mode de développement anthropogénétique peut revêtir la forme d'une société de surveillance, par nature inégalitaire. L'avertissement d'André Gide en exergue de ce chapitre prend tout son sens : l'histoire doit informer tout pronostic formulé sous l'émotion du présentéisme.

Les trois déclinaisons de l'économie de plateforme : États-Unis, Chine et Union européenne

Les analystes des mutations contemporaines ont tendance à invoquer une forme de déterminisme technologique dont vont dériver directement les institutions et les organisations. En fait, la description précédente correspond essentiellement à la trajectoire d'entreprises nord-américaines. Leur dynamisme s'est ensuite projeté sur l'espace mondial, mais de façon très inégale. Trois régimes, à un inégal stade de développement, trouvent leur origine dans des traditions très différentes en matière d'organisation sociale et politique (voir tableau 6.3).

Une *société de marché* est clairement la référence qui parcourt l'histoire des États-Unis. À nouveau, un paradigme productif émergent implique l'essor de monopoles qui captent les bénéfices correspondants et entendent organiser la vie sociale en conformité avec leurs objectifs. La division du travail permise par la numérisation autorise de s'affranchir du contrat de travail, qui peut être remplacé par un contrat de service. En tout état de cause, apparaît encore une autre source de polarisation des salariés en fonction de l'aptitude des individus à s'insérer dans les chaînes de valeur de l'économie numérique. Les relations État/économie en sont transformées, car le pouvoir économique des GAFAM peut aisément se convertir en une capacité d'influence sur la fiscalité, les réglementations, la non-mobilisation des dispositions antimonopole. L'ouverture sur l'économie mondiale est cruciale, puisqu'elle permet de mobiliser des rendements d'échelle qui consolident la domination des multinationales américaines. Il en résulte une tension croissante entre les entreprises des secteurs en déclin et celles de la nouvelle économie, qui trouve son aboutissement avec le capitalisme de plateforme. L'élection présidentielle de 2017 a fait ressortir l'acuité de l'opposition des laissés-pour-compte de ce régime fondamentalement inégalitaire et générateur de crises financières à répétition. Ce peut être une explication du caractère chaotique de la réponse au coronavirus, le président ne mobilisant que marginalement la puissance des GAFAM qui ne font pas partie de ses soutiens.

Une *société de surveillance*, rendue possible par le numérique, peut au contraire être organisée par un parti-État qui assure ainsi son contrôle social, économique et politique. Il en est un seul exemple, mais il mérite analyse puisque la Chine est aux avant-postes d'un panoptique numérique tel qu'anticipé dans *1984* par George Orwell. L'équivalent des plateformes américaines de commerce électronique, de système de paiement, de réseaux sociaux prospère grâce au dynamisme d'un très grand marché intérieur, mais leur finalité n'est pas strictement économique et financière. En effet, les autorités publiques ont un accès complet et permanent aux données collectées sur les individus qui, combinées à celles de l'appareil d'État, alimentent un indice de « crédit social » attaché à chaque individu, sésame pour acheter, voyager, avoir accès à des locaux publics, sachant que la reconnaissance faciale est extrêmement étendue et rend tout à fait opératoire ce contrôle social.

Cette acceptation fait partie d'un compromis sociétal plus général, en vertu duquel Chinoises et Chinois acceptent le monopole du Parti communiste dans la politique en contrepartie de la promesse d'une amélioration de leur niveau de vie. Il s'agit donc d'une variante d'économie de plateforme dominée par l'État, qui se trouve être le tuteur de l'activité économique, puisque les ajustements de marché ne sont acceptés que pour autant qu'ils délivrent des résultats conformes aux objectifs du gouvernement.

Un *contrôle citoyen de l'information*, conçu comme bien commun, est le projet de l'Union européenne. Autant les deux configurations précédentes se déploient au jour le jour dans l'activité économique et les rivalités géopolitiques, autant le Vieux Continent aspire plus à ce régime socio-économique, conforme à ses valeurs, qu'il n'est parvenu à le mettre en œuvre. Une directive européenne a octroyé des droits de contrôle des usagers sur l'utilisation des données qu'ils produisent en continu sur les réseaux sociaux et plateformes électroniques. L'inspiration était louable et conforme à un idéal : exclure du champ de la compétition marchande l'information et en soumettre la collecte et l'usage à la délibération des citoyens, c'est-à-dire aux principes démocratiques. Hélas, aucun des pays membres n'a été capable de favoriser l'équivalent des grandes entreprises de l'Internet, américaines ou chinoises. On mesure la difficulté que représente la construction progressive de formes institutionnelles capables de soutenir un projet politique.

Ainsi, des forces puissantes, incorporées dans les structures économiques et les systèmes de valeurs et les régimes politiques, font se réverbérer les conséquences du coronavirus en autant de trajectoires de moyen ou même long terme, qui sont loin de converger. Elles dérivent de trois hiérarchies distinctes entre économie, politique et société (voir figure 6.3).

Les capitalismes à impulsion étatique, réaction à l'ouverture internationale et au projet néolibéral

> « Le capitalisme ne triomphe que lorsqu'il s'identifie à l'État, qu'il est l'État. »
>
> Fernand BRAUDEL (1902-1985), *La Dynamique du capitalisme*, Flammarion, Paris, 1985.

La Chine se caractérise tout autant comme régime étatique que comme une économie de plateforme. La spectaculaire percée de ce régime a redonné vigueur et crédibilité à diverses variantes du capitalisme d'État, qui ont su dépasser le sous-développement ou la stagnation grâce à des interventions publiques multiformes mais bien ajustées pour former un régime viable. Pourquoi ce retour de l'État depuis la décennie 2010 ?

Une réponse aux demandes de protection des citoyens

Fondamentalement, c'est la naïveté des tenants d'une mondialisation heureuse gouvernée par la généralisation de la mise en concurrence des individus et des territoires qui, deux décennies plus tard, a suscité un retour en force du recours à l'État-nation sous la pression des groupes sociaux s'estimant victimes de mécanismes aveugles et lointains. De fait, internationalisation et déréglementation ont rompu la relative homogénéité de la progression des revenus. Au sein d'un même secteur, l'hétérogénéité des performances des entreprises s'est accrue, de sorte que s'est accentuée la dispersion dans la progression des salaires. La capacité à s'insérer avec succès dans la concurrence mondiale est devenue un facteur central de polarisation tant du système productif que des revenus.

Dès lors, ne pouvant s'imposer sur le marché, d'autant plus que le pouvoir de négociation des syndicats décline à de rares exceptions près, les perdants de la mondialisation et du changement impulsé par le NTIC n'ont qu'un acteur vers lequel se tourner : l'État. Dans la plupart des pays, au moins trois groupes alimentent ces demandes : les travailleurs déclassés qui ont perdu des emplois bien rémunérés, les peu diplômés et particulièrement tous ceux qui dépendent de la couverture sociale pour continuer à bénéficier d'un niveau de vie décent. Ils sont la base des mouvements dits « populistes » qui sont une réaction à la détérioration du statut économique des moins privilégiés, mouvement que la crise de 2008 a aggravé.

Au-delà de stricts facteurs économiques, l'ouverture internationale transforme les modes de vie, les représentations de la société et du politique, mais c'est sans doute l'immigration qui est le plus souvent perçue comme une menace pour les traditions nationales, quand bien même la concurrence avec les nationaux serait-elle minime et la contribution des immigrés au budget public et au financement de la couverture sociale positive. L'analyse du vote pour le Brexit est éclairante : le rapatriement du peu de compétences auparavant déléguées à Bruxelles au profit de Londres est essentiellement une question de défense de l'identité anglaise. L'État devient ainsi le garant de l'identité nationale, au-delà même de considérations directement économiques.

Le placement de la dette publique sur le marché international a rendu beaucoup de gouvernements plus sensibles aux intérêts de ce dernier qu'aux demandes des citoyens, par exemple en matière de couverture sociale et de dépenses publiques (Streeck, 2014). Ce pouvoir des créditeurs internationaux est perçu comme un détournement de la démocratie. Ainsi peut se justifier le retour de l'État à un troisième titre : il devient le bouclier de la démocratie, en réaction à sa capture par le pouvoir économique et financier. L'argument porte d'autant plus que tant les institutions de l'Union européenne que les organisations internationales sont loin d'être à l'avant-garde de nouvelles formes de démocratie. Cependant, à son tour, l'État peut capturer la légitimité démocratique : « La nation semble être un rempart contre le néolibéralisme, et à la fois elle renforce ce qui est mauvais dans la vie politique », avertissait déjà Immanuel Wallerstein en novembre 2014.

En définitive, on peut ainsi interpréter l'extrême diversité des populismes, qui a fait douter nombre de chercheurs en science politique de la pertinence de ce terme. Leur trait commun est toutefois de réinvestir l'État-nation de toutes les prérogatives que le long processus d'internationalisation tendait à lui ôter.

L'État n'est pas en concurrence avec le marché, il en est le tuteur et le complément nécessaire

La permanence et même l'essor considérable des États au cours du dernier siècle appellent explication. Elle se trouve dans l'inextricable imbrication du marché avec l'État et l'action collective. Ces deux dernières instances font plus que compenser les défaillances du marché, elles construisent les règles qui permettent à une économie de fonctionner et surtout elles impulsent les changements institutionnels qui permettent de surmonter les crises. Cet enseignement est central pour éclairer les voies d'une sortie de la crise ouverte en 2020 (voir tableau 6.4).

Il est clair que l'État ne trouve pas son origine dans la production des biens standard, ce que confirme l'échec du régime soviétique. Certains des biens ont en revanche des impacts qui dépassent le seul bénéfice individuel, positifs (éducation, avancées des connaissances, santé publique, sécurité) ou négatifs (pollution, encombrements, perte de la biodiversité). C'est le domaine qu'étudie l'économie publique, laquelle propose divers instruments (la norme, la taxe ou la subvention, la création d'un marché de droits à polluer) pour piloter la production et le financement des biens publics.

Dans la mesure où les économies n'opèrent pas au plein emploi, les macroéconomistes, à la suite de Keynes, ont attribué à l'État une deuxième fonction, de stabilisation de l'activité économique. Sans l'intervention massive du budget public et surtout des banques centrales, l'économie américaine se serait ainsi effondrée en 2008 et l'euro aurait disparu en 2012. Cette fonction a de même été fondamentale en 2020, puisqu'il appartenait à l'État de promouvoir une sortie ordonnée du gel de l'économie qu'il avait décidé pour enrayer la pandémie.

Les préoccupations de justice sociale n'ont que peu de place dans une économie pure de marché : si prévaut une transparence de l'information, la liberté de transaction et une concurrence sans entrave, tous les équilibres économiques et les prix qui en résultent sont réputés équitables. Mais, dans les économies régies par la dynamique de l'accumulation, tel n'est pas en général le jugement des acteurs, ne serait-ce qu'à cause du conflit capital/travail qui ne cesse de poser la question de la légitimité d'un partage des revenus entre profits et salaires, mais aussi au sein du salariat. C'est la raison d'être d'une troisième fonction traditionnellement attribuée à l'État, celle d'arbitrer ces conflits et de décider de la redistribution du revenu national.

La crise ouverte par le coronavirus pose à nouveaux frais cette question de l'équité. Faut-il que les plus riches contribuent massivement au nécessaire rétablissement des finances publiques ou cela risque-t-il d'hypothéquer l'investissement et donc la croissance, condition d'un retour à une configuration soutenable ? À la lumière de l'investissement professionnel du personnel des hôpitaux ne faut-il pas réviser la hiérarchie salariale en faveur des métiers qui se sont révélés les garants de la solidarité nationale ? Mais, *a contrario*, comment brider la brèche sociale qu'implique l'explosion des rémunérations des métiers qui bénéficient des emballements du marché (finance, immobilier, start-up) ? Même si les sociétés peuvent choisir des voies différentes, les politiques sont le fait de l'État, fût-il libéral ou social-démocrate.

Cet épisode atypique a fait apparaître bien d'autres attributs essentiels pour la résilience d'une société. Face à la panique et à la perplexité des acteurs, les demandes se sont polarisées sur l'État auquel a été déléguée la formation d'une anticipation collective permettant de synchroniser les décisions au jour le jour et plus encore l'investissement. Lorsque le confinement gèle les temps sociaux, l'État doit devenir le maître des horloges et annoncer une succession de phases dans la lutte contre le virus par rapport auxquelles les acteurs privés peuvent recommencer à faire des plans et prendre des décisions. Il en est de même lors du déconfinement. C'est renouer avec les procédures de planification indicative, dont le propos était de synchroniser les vues des partenaires sociaux autour d'un sentier de croissance à l'époque des Trente Glorieuses.

Les assurances privées ont de longue date mutualisé les risques et pu concevoir des contrats assurant leur résilience à moyen et long terme. Reste que les coûts entraînés par la concrétisation de certains risques peuvent se révéler supérieurs aux réserves constituées au sein de chaque compagnie d'assurances : intervient alors une société de réassurance. Cependant, nombre de risques ne sont pas pris en charge, tels ceux liés aux guerres, aux accidents naturels et aux épidémies. Ce fut le cas avec le coronavirus de 2020, dont les dégâts n'étaient pas assurés, au risque de précipiter l'effondrement complet de l'économie par des faillites en chaîne. De façon indirecte, l'État a donc été contraint de se porter assureur des risques systémiques. C'est dans ce contexte que l'on a pu invoquer une « guerre » contre le virus, même si la comparaison est analytiquement incorrecte, car cela permet de justifier des interventions tous azimuts de l'État en rupture avec l'ordre juridique en situation de paix.

Les banques centrales ont été créées pour assurer le rôle de prêteur en dernier ressort, lorsque les systèmes de crédit et de paiement sont menacés au cœur d'une crise financière. À partir de 1990, leur indépendance par rapport aux gouvernements a été consolidée afin de lutter plus efficacement contre l'inflation, supposée provoquée par le laxisme des politiques économiques. Mais la grande crise américaine de 2008 a montré qu'une cible d'inflation ne suffit pas à définir le rôle d'une banque centrale : elle est fondamentalement la gardienne de la stabilité financière. Dans l'urgence si ce n'est la panique, s'invente une nouvelle politique qui accepte de monétiser même les actifs toxiques à l'origine de la crise. L'orthodoxie monétariste a perdu la partie. Le coronavirus a légitimé une étape supplémentaire dans ce mouvement historique : non seulement le volume des divers refinancements a explosé plus rapidement encore qu'en 2008, mais les circuits du Trésor public et de la Banque centrale ont fusionné, ce qui était impensable une année auparavant. L'État est bien apparu comme le prêteur en dernier ressort, au-delà de la fiction juridique d'une séparation des pouvoirs fiscal et monétaire.

On a même vu poindre une conception hier minoritaire mais devenue acceptable : tant que dure le confinement, l'État se porte garant de la masse salariale et d'une partie des charges des entreprises. C'est ainsi admettre une socialisation du revenu sous l'égide de l'État. Ce tête-à-queue complet par rapport à l'idéal du néolibéralisme mérite réflexion : n'est-ce pas le dogmatisme et le fondamentalisme du « tout marché » qui ont conduit à ce retournement historique, faute d'avoir reconnu la nécessité d'interventions de l'État pour assurer l'acceptabilité de régimes socioéconomiques travaillés, si ce n'est décomposés par la mondialisation ?

On mesure le désastre social et politique auquel conduit la conception d'un antagonisme irréconciliable entre marché et État, que postule trop souvent la discipline économique vue de l'université de Chicago. Surestimation des capacités du marché et incompréhension de ce qu'est l'État ont à nouveau été mises en évidence par la crise du coronavirus. Ce n'est pas pour autant que les stratégies pour la surmonter soient évidentes et que la plupart des économies se dirigent vers une forme de capitalisme à forte présence étatique.

À chaque société sa forme de capitalisme d'État, mais le succès n'est pas assuré

Ainsi le capitalisme d'État est de retour, mais quelle peut être la portée d'une telle caractérisation s'il est finalement omniprésent dans toutes les sociétés ? Parcourir brièvement son histoire permet d'examiner dans quelle mesure certaines de ses configurations correspondent aux trajectoires nationales observées depuis les années 2000 (Boyer, 2019a).

L'État est l'acteur central lorsqu'un gouvernement fixe à la société l'objectif de rattraper un pays leader dans une révolution industrielle. Dans ce but, Il doit créer les conditions d'une modernisation accélérée par la protection du marché intérieur, couplée avec un investissement dans l'éducation et les infrastructures sur le modèle de la théorie de l'économiste allemand Friedrich List (1789-1846) sur le « protectionnisme éducateur », puisque les ajustements de marché confortent cette domination du pays le plus avancé. Entrent dans cette catégorie l'Allemagne du XIXe siècle, mais aussi le Japon, puis la Corée du Sud et les dragons asiatiques après la Seconde Guerre mondiale. Dans ces exemples, l'État se fait l'instituteur du marché et non pas son alternative. Même si le succès n'est en rien assuré, comme en témoignent les échecs répétés de l'Argentine ou du Brésil dans la période contemporaine.

Se libérer de la dépendance extérieure fut en effet l'objectif des pays latino-américains face à l'effondrement des relations internationales à la suite de la crise de 1929 puis de la Seconde Guerre mondiale. Le mode de développement correspondant a consisté à substituer une production domestique aux importations et il rencontra le succès jusqu'aux années

1970, ce qui est trop souvent oublié. Le coronavirus faisant ressortir la dépendance vis-à-vis du marché mondial pour des biens devenus essentiels, cette stratégie redevient d'actualité. Prudence cependant, car compte tenu des rendements d'échelle typiques de l'économie numérique et dans nombre de secteurs industriels, une plus grande autonomie productive se paie par un surcroît de coûts, donc une baisse du niveau de vie. De plus, l'initiative appartient aux multinationales qui développent une gestion intégrée de leur chaîne de valeur et jouent sur la mise en concurrence des territoires cherchant à les attirer.

Remplacer le capitalisme par la soumission de l'économique au politique fut le projet de l'Union soviétique, fondé sur l'hypothèse que la centralisation de l'activité économique par l'État répondrait mieux aux besoins de la société que la décentralisation par le marché. Après avoir favorisé le décollage du pays, ce mode de développement s'est révélé incapable de se réformer pour surmonter ses contradictions internes et concurrencer le capitalisme américain. Toutefois, les tenants d'une sortie du capitalisme comme issue à la conjonction des crises financière, environnementale et sanitaire peuvent songer à mobiliser l'État pour faire émerger cette alternative, mais sur quel principe directeur devrait-elle être bâtie ? L'économie sociale et solidaire peut-elle constituer l'embryon à partir duquel se reconfigurerait l'ensemble des relations sociales ?

Un État fort et autoritaire fait travailler à son profit les mécanismes de marché : cette quatrième configuration, paradoxale, est à l'origine du regain d'intérêt pour un État vecteur de la modernité économique. Le gouvernement chinois a ainsi réussi à construire un mode de développement fondé sur trois caractéristiques. D'abord, un compromis implicite échangeant comme on l'a vu la reconnaissance de l'exclusivité du pouvoir politique du Parti communiste contre la promesse d'une amélioration durable du niveau de vie de la majorité de la population. Ensuite, une décentralisation, sous contrôle de Pékin, des décisions et des initiatives, déléguant aux corporatismes locaux le soin de rendre compatibles objectifs politiques et dynamisme économique. Enfin, une insertion asymétrique dans les chaînes mondiales de valeur, permettant d'acquérir puis de maîtriser les technologies les plus avancées. On pourrait risquer le terme d'« économie mixte », sans doute plus exact que celui de capitalisme d'État, qui pourrait évoquer une réédition du régime soviétique.

Capitalisme de plateforme et/ou capitalisme étatique : une paradoxale coexistence

Les capitalismes étatiques offensifs seront-ils capables de résister au pouvoir accumulé par le capitalisme transnational de plateforme ou au contraire seront-ils des formes de gestion politique de l'acceptation d'une dépendance économique ?

La variable discriminante : le degré d'autonomie nationale

Les relations internationales des décennies 2000 et 2010, loin de permettre que puissent prospérer divers régimes socioéconomiques nationaux, ont fait ressortir une asymétrie structurelle. D'un côté, de grandes économies continentales ont joué de leur pouvoir économique ou géopolitique pour externaliser les déséquilibres de leur mode de développement sur le reste du monde. Les États-Unis ont pleinement bénéficié du privilège de détenir et d'émettre la monnaie internationale et de lois d'extraterritorialité s'imposant au reste du monde : ils ont peu de difficultés pour financer leur double déficit du budget et du commerce extérieur. Les GAFAM ont disposé d'un avantage compétitif important, l'appui quand cela est nécessaire de la première puissance mondiale. La Chine, en adhérant à l'OMC, a pu durablement soutenir un mode de développement structurellement déséquilibré se caractérisant par des surcapacités permanentes, grâce à un surplus commercial, tout en organisant un rapide rattrapage technologique par l'importation de biens de haute technologie et le partenariat contraint avec les multinationales admises sur le grand marché chinois. Au demeurant, ces deux déséquilibres croisés des États-Unis et de la Chine se sont longtemps renforcés l'un l'autre.

De l'autre côté, se trouvent tous les pays qui n'ont ni un État fort capable de s'opposer à la pression de puissantes multinationales ni des structures productives suffisamment compétitives et cohérentes pour satisfaire leur demande domestique. Leur mode de développement perd alors son autonomie, car il est conditionné par la dynamique du marché mondial *via* ses exportations et/ou l'attraction des investissements directs étrangers. Plus grave encore, à mesure que progresse cette intégration internationale, sont détruits les avantages institutionnels susceptibles de soutenir un régime de croissance plus satisfaisant.

Dans ces conditions, un capitalisme d'État offensif et modernisateur a toutes ses chances en Chine, ne serait-ce que parce que l'économie de plateforme a été mise au service du contrôle politique et d'une société de surveillance. Le destin d'un capitalisme global de plateforme suppose que se maintienne l'ouverture de l'économie mondiale, ce que les réactions isolationnistes à la pandémie ne laissaient guère augurer. Si se fractionne l'économie mondiale, un capitalisme étatique défensif peut être la réponse à la demande de restauration de tous les attributs de la souveraineté nationale, fût-ce au prix du niveau de vie. Le coronavirus a accéléré ces trois tendances, mais de façon inégale.

L'impact différencié du coronavirus sur les régimes émergents

Ce sont sans doute les capitalismes à forte impulsion étatique qui sortent les plus confortés de la crise car, face à l'incapacité de l'OMS à la coordonner efficacement, la lutte contre la pandémie s'est déroulée au niveau national sous l'égide des décideurs publics auxquels la population était prête à faire confiance (voir tableau 6.5). Ceux des gouvernements qui avaient déjà l'assentiment des citoyens en sortent renforcés, en Allemagne par exemple, alors que la défiance à l'égard des politiques s'est accrue lorsqu'elle est une caractéristique sociétale dans d'autres, tout particulièrement en France. Dans l'un et l'autre cas, l'État en tant que protecteur vis-à-vis des périls qui menacent la nation, y compris les dangers venus d'ailleurs, s'impose, même si les administrations n'ont pas été à la hauteur.

Cela témoigne aussi d'une perte d'expertise, rendue manifeste en matière de lutte contre les épidémies, mais tout aussi préoccupante en termes de finance et d'information économique. Il n'est pas évident qu'un renouveau des politiques industrielles, tombées en désuétude, puisse effectivement ramener sur le territoire national toutes les productions réputées essentielles, si ce n'est en acceptant des surcoûts. Enfin, dans le domaine politique, le fait que presque tous les gouvernements aient fermé leurs frontières sous des raisons sanitaires a conforté les idéologies xénophobes et nationalistes. Notons cependant que l'État social-démocrate peut aussi être au service des citoyens et de la délibération démocratique, mais cela suppose des alliances politiques bien différentes. On mesure à nouveau la limite de la notion de capitalisme étatique, qui doit être chaque fois spécifiée pour devenir opératoire.

Le capitalisme transnational de l'information incarne le paradigme productif devenu dominant et il a montré tout son potentiel avec la pandémie : il a intérêt au maintien d'une économie-monde, car il a développé tous les outils pour en mesurer les pulsations grâce au développement des infrastructures informationnelles qui rendent de plus en plus interdépendantes les économies nationales. Dans la mesure où les NTIC peuvent se déployer soit par une centralisation – c'est la tendance dominante, qui permet de mobiliser des rendements d'échelle au niveau de l'économie mondiale –, soit par une large décentralisation – si telle est l'exigence des citoyens, relayée par les États –, elles proposent une variété de solutions pour l'organisation du système de santé, si ce n'est de l'administration publique dans son ensemble.

Des forces adverses peuvent enrayer l'établissement de ce capitalisme transnational. En effet, la concentration de la production et d'une haute rentabilité au sein d'un tout petit nombre de multinationales suscite le projet de certains gouvernements de les taxer, de leur imposer des règles de bonne conduite, voire de casser les monopoles qu'elles représentent. Or la crise du coronavirus a fait monter les cours bousiers des GAFAM, car les financiers, un temps paralysés par l'incertitude, pensent que ces entreprises ont de fortes probabilités de sortir renforcées de la pandémie. Tandis que l'augmentation des dettes publiques, qui a considérablement accru les moyens des États, les a simultanément fragilisés face au risque de brutale remontée des taux d'intérêt. Bref, il se peut que le coronavirus ait plus renforcé le capitalisme transnational de l'information que le pouvoir des États. Sauf si des victoires électorales de gouvernements souverainistes s'enchaînent et précipitent un repli nationaliste à même de détruire l'espace mondial ouvert, nécessaire à la viabilité et au succès des GAFAM.

Face à ces deux avenirs, quelles peuvent être les chances d'un « biocapitalisme » qui mettrait en œuvre le mode de développement anthropogénétique (voir chapitre 5) ? Cela suppose d'abord que la pandémie se conclue par un changement durable dans la hiérarchie des biens et des objectifs des politiques au profit de l'éducation, la santé et la culture. Cette demande des privilégiés des sociétés riches peut se heurter à la nécessité de lutter en priorité contre la paupérisation de tous ceux dont l'emploi a disparu du fait des changements structurels liés à la crise. Dans les pays européens, pour lesquels ces trois secteurs sont essentiellement couverts par des systèmes de couverture sociale publics, leur financement peut se faire au détriment du dynamisme de l'économie traditionnelle, initiant alors un cercle vicieux au cours duquel la base fiscale ne parvient pas à suivre la demande publique.

Pire, ce mode de développement, loin d'être autonome, est susceptible de devenir l'enjeu de la concurrence entre capitalisme transnational et diverses variantes de capitalisme à forte impulsion étatique. D'un côté, une nouvelle étape de la marchandisation des sociétés, porteuse d'inégalités croissantes entre individus et nations, de l'autre au contraire une organisation essentiellement collective et publique, potentiellement moins inégalitaire. Les rapports de forces entre un capitalisme global et des États-nations divisés sur les règles du jeu à construire à l'échelle internationale conditionnent donc celle des alternatives qui va s'imposer. C'est une invitation à une analyse des transformations des relations internationales (voir chapitre suivant) et de la formation des coalitions politiques après le coronavirus (voir chapitre 8). Le régime international, déjà défaillant et en crise, va-t-il résister à la confrontation de ces politiques « Mon pays d'abord », d'autant plus dangereuses que, sans victoire durable sur la pandémie, ne faut-il pas dire adieu à l'ouverture des frontières ?

7

Vers la dislocation des relations internationales ?

> « Le capitalisme international, et cependant individualiste, [...] aux mains duquel nous nous sommes trouvés après la guerre, n'est pas une réussite. Il est dénué d'intelligence, de beauté, de justice, de vertu, et il ne tient pas ses promesses. En bref, il nous déplaît et nous commençons à le mépriser. Mais quand nous nous demandons par quoi le remplacer, nous sommes extrêmement perplexes. »
>
> John Maynard KEYNES (1883-1946),
> *The Yale Review*, juin 1933.

Les relations internationales ont été profondément mises à l'épreuve par la covid-19. Les souverainismes fondamentalistes seront-ils les successeurs du fondamentalisme du marché qui avait propulsé globalisation et déréglementation ? L'arrivée au pouvoir de gouvernements nationalistes et « populistes » annonce-t-elle l'effondrement des relations internationales ? Ou au contraire l'ampleur des périls imposera-elle l'invention de coordinations internationales puissantes, capables d'enrayer un dramatique repli sur le chacun pour soi ?

Des économies de plus en plus interconnectées, mais sans nouvelles coordinations internationales

La pandémie a fourni un nouvel exemple d'une contradiction qui a traversé les évolutions des décennies 2000 et 2010 : alors que s'accroissent les hétérogénéités associées à l'ouverture internationale et à la mise en concurrence des territoires, s'affaiblissent les institutions internationales ; et de nouvelles ne sont pas créées afin de prendre en compte une interconnexion accélérée par le jeu des techniques de l'information et de la communication.

Une succession de menaces

Depuis la fin des années 1960, le commerce international s'est progressivement affirmé comme la source de croissance de la plupart des économies nationales. Les frictions n'ont pas manqué et elles ont trouvé une solution temporaire par les instruments créés au sein de l'OMC au travers de l'instance de règlement des différends. Du fait du changement de la politique américaine à partir de 2017, visant à réduire le rôle des organisations multinationales, ce mécanisme s'est révélé incapable de trouver une issue positive à la guerre commerciale entre les États-Unis et la Chine.

La libéralisation des flux internationaux de capitaux n'a pas manqué d'accroître la fréquence puis la sévérité des crises financières se propageant d'un pays à l'autre. Les pays latino-américains ont été les premiers à souffrir de l'afflux puis du brutal arrêt des entrées de capitaux, avant les pays asiatiques dans les années 1990. Ces épisodes dramatiques ont culminé avec la grande crise américaine de 2008, qui s'est propagée ensuite en Europe sous la forme d'une crise de dettes souveraines et de l'euro.

Avec la multiplication des ouragans, sécheresses et incendies de forêts, les preuves d'un changement climatique n'ont pas manqué, au point que les rangs des idéologues « climato-sceptiques » se sont considérablement clairsemés. Par nature, aucun des pays pris individuellement n'est capable de développer une politique à la hauteur de l'enjeu. D'autant plus que les intérêts des producteurs de pétrole et de gaz sont loin de coïncider avec ceux des pays de vieille industrialisation et plus encore des pays « en retard », qui n'ont ni une industrie moderne ni la facilité que représente l'exploitation de ressources naturelles.

Les précédentes épidémies avaient appris que les virus et les bactéries n'ont pas de frontières et qu'en permanence de nouvelles menaces apparaissent localement puis se diffusent dans le reste du monde. Il est donc surprenant que le coronavirus de 2020 ait été perçu comme un événement inédit, prenant de court la plupart des gouvernements. La volonté de chacun d'entre eux de trouver une solution purement nationale a nié cette interdépendance et n'a guère facilité une coordination internationale pourtant nécessaire, tant dans le domaine de l'information que dans la recherche de médicaments et de vaccins.

Des organisations internationales toujours en retard d'une crise

Depuis 2017, les États-Unis ont dénoncé leur participation à nombre d'organisations multilatérales au profit de négociations bilatérales dans lesquelles le rapport de forces entre partenaires remplace les règles collectives. Après l'OMC, cette dénonciation s'est étendue à l'OMS, supposée responsable aux yeux des dirigeants américains de la diffusion internationale du coronavirus. Le pays hégémonique, qui avait conçu les institutions de coopération internationale au sortir de la Seconde Guerre mondiale, a ainsi été l'un des premiers à affirmer la supériorité de l'intérêt national sur les règles de coordination élaborées pour réduire les conflits d'intérêts, libérant les velléités protectionnistes de chacun. Ce qui a pesé sur les trajectoires de sortie de la crise économique créée par le coronavirus et la primauté accordée à la santé publique.

Épidémies et écologie, même combat ?

C'est pourquoi il ne faut pas s'étonner que l'accord de Paris de 2015 sur le climat n'ait pas débouché sur un regain de coopérations internationales : pour chaque gouvernement national, le changement climatique est une « externalité » à laquelle il n'entend pas sacrifier la prospérité de ses entreprises et le niveau de vie de ses citoyens. Depuis les années 2000, la mondialisation a suscité l'émergence d'une question centrale : la poursuite du style de croissance contemporain est-elle possible compte tenu d'une rareté anticipée des ressources naturelles et de destruction qu'impliquent l'industrialisation et la mondialisation ? Il est important de réexaminer, à l'occasion du coronavirus, si ont émergé des processus sociaux et politiques conduisant à un mode de développement compatible avec la soutenabilité environnementale et sociale.

Perturbation des écosystèmes et naissance des virus

Pour certains analystes et militants de la cause environnementale, la pandémie a renforcé la nécessité d'un renversement des priorités entre viabilité écologique à long terme, mondialisation et priorité accordée à la croissance économique (voir figure 7.1). Pourtant, les relations croisées entre ces trois variables ne sont pas si simples. La mise en concurrence des territoires a souvent été associée à la primauté des biens privés sur les biens collectifs que sont la santé et l'éducation. La gravité des dégâts causés par le coronavirus est pour partie liée au sous-investissement en matière de prévention et traitement des pandémies. C'est ce qu'entend corriger le mode de développement anthropogénétique (voir chapitre 5). En toute logique, ce modèle se déploie au niveau national et il n'incorpore pas directement les contraintes écologiques mondiales : ce serait plutôt un concurrent de la lutte contre le changement climatique, en termes de choix politiques et budgétaires.

Pourtant, paradoxalement l'adoption par de nombreux gouvernements de mesures de confinement a eu une conséquence importante et inattendue : sous la pression de la nécessité, il était possible d'arrêter les transports et l'activité industrielle, ce qui a réduit brutalement les émissions de CO_2, au point que les grandes métropoles les plus polluées ont retrouvé, un temps, un ciel bleu. Ainsi, un mode de vie plus frugal, imposé au nom de la santé et non plus de l'environnement, avait des conséquences bienvenues sur la santé de la planète. Mais, bien sûr, les circonstances étaient exceptionnelles et le confinement ne pouvait être prolongé. Au fil du temps, tous les gouvernements qui avaient accepté de sacrifier l'économie à la santé publique ont pris conscience que l'économie devait reprendre ses droits pour limiter la flambée du chômage et soutenir le niveau de vie. Ce sont les mêmes raisons qui ont été invoquées pour ne pas accorder une priorité absolue à l'environnement : l'idéal était que l'innovation technologique permette de concilier prospérité économique et réduction des prélèvements sur la nature, découplant ainsi production et environnement. Si cette conciliation n'est pas possible, les gouvernements ont à gérer un conflit ouvert entre objectifs économiques et préoccupations environnementales. À quelles conditions les citoyens acceptent-ils une rupture historique dans la priorité accordée à l'économique ?

Où sont les mouvements sociaux et les luttes politiques qui vont instituer ces communs mondiaux ?

Avec le recul, il est possible d'expliciter tant les freins que les accélérateurs d'une prise de conscience des limites des régimes socioéconomiques contemporains, en matière de contraintes écologiques. D'un côté, l'urgence est de moins en moins contestable devant le faisceau convergent d'observations portant sur les diverses régions du globe. D'un autre côté, les sociétés sont mues par la dynamique de la consommation de biens privés et de leur rapide renouvellement, aiguillonnée par l'innovation de grandes entreprises ; l'instantanéité de la circulation des informations a encore renforcé le présentéisme qui gouverne les décisions tant privées que publiques (voir tableau 7.1).

Que les sociétés les plus pauvres soient en général les plus vulnérables aux désastres environnementaux n'est pas pour favoriser la prise de conscience des plus riches et l'expression de leur solidarité à une échelle qui dépasse le territoire national. On mesure la difficulté de construction d'un bien public mondial tant sont hétérogènes les capacités, les attentes et les objectifs des citoyens et de leurs gouvernements. De plus, l'accès aux pouvoirs publics est plus facile pour les activités industrielles déjà établies, mais polluantes, que pour les innovations potentielles permettant de surmonter les barrières environnementales.

C'est toute la question des acteurs du changement. La jeunesse s'est largement mobilisée dans les pays développés, les partis verts ont le vent en poupe en réponse aux demandes des classes moyennes qui sont prêtes à arbitrer entre un meilleur cadre de vie et un surcroît de consommation privée. Cependant, le poids des producteurs de pétrole, industries minières, secteur des transports et l'inertie dans la conception des villes marquée par les facilités du transport automobile sont autant d'obstacles à un développement frugal. En effet, tout mode de développement nouveau suppose une resynchronisation de la plupart des domaines de la vie sociale et politique.

Enfin, des traditions nationales fort différentes coexistent et sont loin de favoriser l'entente sur la construction d'un commun. Par exemple, si les pays nordiques ont de longue date incorporé les questions environnementales, ce n'est pas le cas des économies continentales dont les dirigeants peuvent considérer que les vastes territoires et leurs ressources potentielles les éloignent des contraintes écologiques que rencontrent les autres pays (États-Unis, Brésil).

Les obstacles économiques à l'émergence d'un mode de développement écologique au niveau local

Si la voie d'un mode de développement mondial intégrant l'environnement se révèle si difficile, voire impossible, dans la configuration actuelle, une approche décentralisée au niveau national, voire local, serait-elle la solution ? Une première analyse suggère que les réalisations n'ont pas été jusqu'à présent à la hauteur des déclarations et de la rhétorique omniprésente en faveur du « verdissement des économies » (figure 7.2).

Les comptes rendus d'activité des grandes entreprises cotées en Bourse accordent une place croissante à leurs contributions au respect de l'environnement. Tant la responsabilité sociale des entreprises (RSE) que la reconnaissance par la loi des « entreprises à mission », parties prenantes d'une communauté locale et nationale, semblent manifester une conversion. Mais on peut se demander si ce n'est pas aussi et surtout un argument pour se différencier de la concurrence par un effort de communication, sans que la stratégie effectivement suivie en soit significativement altérée.

En 2020, l'ardente obligation d'une vigoureuse reprise économique place au premier plan la question du redressement de l'emploi. Or, si pour des raisons de soutenabilité des budgets publics, les gouvernements acceptent d'aider des entreprises par ailleurs polluantes et peu écologiques, l'introduction de clauses visant au verdissement des activités demeure secondaire par rapport à la primauté de l'économique. Il en est de même pour le secteur financier : l'introduction d'obligations vertes vise à infléchir l'allocation du capital, mais la majorité des financements continue à soutenir par nécessité des activités qui aggravent les déséquilibres environnementaux. De même, lors de la restructuration de grands groupes industriels, des établissements explorant une économie circulaire fondée sur le recyclage peuvent être sacrifiés au profit d'établissements moins vertueux mais essentiels à la préservation de la rentabilité.

Des traités de libre-échange contribuant à la constitution de longues chaînes de valeur qui supposent des logistiques de transport fortement émettrices de CO_2 continuent à être négociés. L'optimisation des coûts et la recherche de nouveaux marchés continuent à l'emporter sur la préservation de l'environnement. La Commission européenne envisage d'instituer une taxe carbone aux frontières de l'Union et c'est une mesure qui contribue à internaliser les coûts de l'environnement. Pourtant, à l'examen, c'est surtout une stratégie visant à financer le plan de relance de l'Union européenne : encore et toujours le primat de l'économique, l'écologie venant au second rang. De plus, une Europe relativement vertueuse en matière d'environnement est loin de susciter l'émulation des États-Unis et de la Chine, qui devraient être les acteurs déterminants de la transition écologique.

Le contraste avec un véritable mode de développement soutenable est flagrant. Dans la configuration actuelle, les résultats en matière d'écologie sont la conséquence de régimes socioéconomiques dominés par une logique économique. Dans l'idéal d'un mode de développement intégrant des contraintes écologiques, c'est l'écologie qui pilote la transformation de toutes les formes institutionnelles afin d'assurer leur mise en cohérence avec la logique d'ensemble : l'économie devient l'instrument de l'écologie.

L'ordre mondial menacé

Dans ces conditions, ce n'est pas seulement la faiblesse des coordinations internationales qui fait problème puisque leur existence même est en question. Le pays qui avait le plus grand intérêt à la pacification des relations internationales adopte une posture nationaliste en réponse à un gouvernement populiste, de sorte que le virus souverainiste se propage sur tous les continents et éloigne la recherche de nouvelles institutions internationales.

Un surprenant chassé-croisé entre les États-Unis et la Chine

Il est remarquable que les deux puissances qui furent à l'origine de la construction d'un ordre international, principalement les États-Unis et dans une certaine mesure le Royaume-Uni, aient décidé de dénoncer les organisations internationales qu'ils avaient contribué à créer au nom de l'affirmation de l'intérêt national. Dans le même temps, le Royaume-Uni, qui avait tant bénéficié de son adhésion au marché unique, décide de l'abandonner sous prétexte que ce seraient les directives bruxelloises – et non les programmes de déréglementation – qui auraient accentué la polarisation sociale ayant débouché sur le vote du Brexit.

Le paradoxe est alors que c'est la Chine, dirigée par un Parti communiste, qui se propose de reprendre le flambeau de l'économie internationale ouverte et de la coopération internationale en vue de stabiliser une économie mondiale déséquilibrée, menacée par une fragmentation qui ruinerait la spécialisation de la Chine comme intermédiaire obligé dans la construction de chaînes de valeur internationales. Or la Chine a développé une intégration asymétrique dans le régime international, car les capitaux ne rentrent qu'aux conditions imposées par les autorités chinoises et l'adhésion à l'Organisation mondiale du commerce n'a pas livré les résultats attendus en matière de respect des règles internationales. Par ailleurs, le fort pouvoir de négociation de la Chine par rapport aux partenaires engagés dans le programme de la route de la soie conduit à douter de l'adhésion à un régime international fondé sur l'égalité de tous les pays. En définitive, la politique extérieure chinoise vise surtout à constituer un espace plus ou moins directement articulé à la Chine, par opposition à ceux des pays qui continuent à être dominés par l'influence américaine. La construction d'un régime international abolissant la prérogative du dollar n'est qu'un lointain horizon qui dissimule une lutte pour le partage de l'espace mondial entre un hégémon déclinant et un Empire du Milieu qui entend retrouver sa place dans l'espace mondial.

Le virus nationaliste se répand et réduit l'espace de la coopération internationale

Depuis le début de la décennie 2010, le commerce mondial avait ralenti au point que sa croissance coïncidait alors avec celle de la production mondiale. La brutale découverte par les autorités publiques de l'inexistence de producteurs nationaux de biens de santé essentiels renforce la stratégie de rapatriement de certaines chaînes de valeur sur le territoire domestique. Certains sondages d'opinion suggèrent même qu'une majorité de Français accepterait en contrepartie de cette indépendance nationale un surcroît de coût. Déjà les tenants d'une sortie du Royaume-Uni de l'Europe étaient prêts à accepter une réduction de leur niveau de vie en contrepartie de la récupération d'une pleine souveraineté anglaise. En termes théoriques, cela signifie que l'*Homo economicus* est remplacé par l'*Homo politicus*, ou encore que l'intérêt économique cède la place à la défense de l'identité nationale.

Les raisons et la localisation des investissements directs changent elles aussi, puisque l'on ne peut plus compter sur une bonne prévisibilité de ce que sera la division internationale du travail. Pour les gouvernements, c'est une opportunité pour inventer des incitations à rapatrier certaines lignes de production. Dans le même temps, la chasse aux start-up de l'économie de l'information ou de la recherche médicale oppose deux principes : d'un côté, il est possible d'acquérir des entreprises, ce qui fait partie de la logique de gestion des entreprises ; de l'autre, des gouvernements entendent conserver sur leur sol des joyaux technologiques qui renforcent la viabilité de leur système productif.

Le changement le plus net porte sur le blocage presque général de la mobilité internationale des personnes, décidé pour enrayer la diffusion de la pandémie. L'impératif de santé publique fournit un argument supplémentaire à tous les gouvernements qui avaient déjà introduit des freins à l'immigration. La décision de confinement va de pair avec un blocage de l'entrée des étrangers sur le territoire national. Le renversement est spectaculaire en Europe, puisque, au cœur de la crise du coronavirus, l'espace Schengen se fractionne à nouveau et les réouvertures des frontières ne sont que partielles et souvent bilatérales, contrairement à ce qu'implique la liberté de mouvement des personnes, pilier du marché unique. Ce qui n'était qu'une mesure réputée transitoire peut perdurer au nom de la défense de la souveraineté nationale en matière de santé. Symboliquement, l'économie mondiale se fractionne, tout comme la distanciation sociale tend à sérialiser les individus sur le territoire national.

Le temps est venu du chacun pour soi, repoussant dans un second temps d'éventuelles coordinations au niveau européen, encore plus difficiles, au niveau mondial. Il faut ainsi attendre la fin du mois de mai 2020 pour que la Commission européenne propose un plan global de réponse à la crise sanitaire et économique (voir chapitre suivant).

Les recherches sur le coronavirus : coopération et compétition entre les États-Unis et la Chine

La lutte concurrentielle porte aussi sur les possibles vaccins et médicaments qui permettraient de sortir définitivement de l'appréhension que continue à exercer la pandémie sur les activités de production et de consommation. À ce titre apparaît un contraste marqué entre recherche fondamentale et appliquée (voir encadré 7.1). En effet, la communauté scientifique des spécialistes des épidémies, des virus et des politiques de santé publique s'est rapidement mobilisée pour mettre en commun les connaissances sur ce virus largement atypique. La communication par les technologies de l'information a joué un très grand rôle et a permis la mise à disposition des chercheurs du monde entier de masses de données qui ont pu éclairer les décisions prises au niveau local des hôpitaux et des médecins. Simultanément, dans l'urgence, les revues scientifiques ont accepté de mettre à la disposition du public les résultats de recherches qui n'avaient pas encore été évaluées par les pairs, ce qui n'a pas manqué de susciter débats et polémiques. Que peuvent décider les autorités publiques si les chercheurs leur livrent des analyses, parfois contradictoires, si ce n'est souvent. On mesure que les recherches en train de se faire n'ont pas la clarté et la généralité d'une science achevée, telle qu'elle est enseignée *ex post*, une fois décantées les polémiques fondatrices d'une démarche analytique.

Lorsque l'on étudie les coopérations scientifiques concernant la covid-19, leur concentration dans un tout petit nombre de pôles correspond à un trait majeur des systèmes de recherche : les pays riches concentrent la plus grande partie de ces recherches. Il en ressort aussi que les États-Unis et la Chine sont les deux pôles par rapport auxquels se rattachent les réseaux de chercheurs, sans qu'apparaisse en Europe un centre autonome, ce qui souligne à nouveau la faible intégration de l'Union européenne en matière de recherche en dépit des multiples programmes communautaires – il faudra attendre près de trois mois pour que la Commission européenne lance un programme de soutien aux États-membres qui comporte un volet sur la recherche et l'innovation.

On retrouve la tension précédemment diagnostiquée entre des connaissances scientifiques qui sont un bien commun de l'humanité et la lutte entre appropriation privée et fourniture collective des médicaments et des vaccins en réponse au coronavirus. Le plus souvent, l'initiative privée est la plus réactive et ce n'est que dans un second temps qu'apparaissent les propositions de mutualisation et de financement public des produits dérivés de la recherche fondamentale.

Le coronavirus accélère la transformation des relations entre l'international et le national

La pandémie a ainsi mis en exergue certaines caractéristiques des relations internationales apparues dès la décennie 2000. Il est donc important d'examiner comment les régimes socioéconomiques qui s'étaient progressivement dégagés ont été transformés, probablement de façon irréversible.

Les ressorts de l'internationalisation vont changer, tous les régimes socioéconomiques aussi

Aussi divers soient-ils, tous ces régimes sont sortis transformés de la pandémie puis du confinement. Ceux tirés par l'innovation et la globalisation financières ont été sévèrement touchés. Non seulement le traitement de la pandémie a été erratique et finalement coûteux en vies humaines, mais la finance privée a été mise sous tutelle des banques centrales et des ministères des Finances : il est revenu en effet à l'État de surmonter l'incapacité des banques commerciales de relancer le crédit nécessaire, d'abord pour la survie des entreprises puis pour la reprise de leurs activités. Ce basculement du privé au public a trouvé son point culminant avec le refinancement sans limite de tous les actifs privés aux États-Unis. Au Royaume-Uni, le Trésor a pu explicitement se financer directement auprès de la Banque d'Angleterre, soit un retour sur ce qui fut considéré au cours des dernières décennies comme une hérésie. De ce fait, la confiance en la monnaie repose sur la crédibilité des politiques gouvernementales, ce qui ouvre une nouvelle époque dans les relations entre finances publiques et privées (voir figure 7.4).

Les régimes tirés par l'innovation et l'exportation, dans leur variante sociale-démocrate scandinave, ont dû s'adapter puisque le commerce mondial n'avait plus le même dynamisme. Néanmoins, la socialisation des gains de l'échange international, grâce à la fiscalité, à la couverture sociale et à la fourniture de services publics, y a rendu l'ajustement macroéconomique plus facile que dans les économies dominées par une logique pure de marché. Très généralement, les citoyens y ont exprimé leur confiance par rapport aux politiques gouvernementales, soumises à un contrôle démocratique.

Les régimes des pays dépendants, dynamisés par l'investissement direct étranger, ont pu quant à eux être les victimes de la relocalisation des chaînes de production sous la pression de gouvernements souverainistes. On songe par exemple aux conséquences du nouveau traité de libre-échange nord-américain adopté en septembre 2018 entre le Mexique, le Canada et les États-Unis. La configuration est différente pour les pays de l'Europe centrale, qui ont bénéficié de l'extension de la chaîne de valeur de l'industrie allemande en leur direction. À la réflexion, les dirigeants européens peuvent convenir qu'une relocalisation en Europe est préférable à un repli nationaliste de chacun des pays membres – mais tout repose sur la capacité des programmes européens à promouvoir une politique d'innovation et d'industrialisation au niveau du continent (voir chapitre suivant).

Comme on l'a vu, la Chine réalise pour sa part une surprenante symbiose entre contrôle politique par un parti-État et stimulation de l'initiative entrepreneuriale, grâce à une très large décentralisation de l'organisation administrative. Par le passé, les excédents commerciaux permettaient de rééquilibrer un régime d'accumulation déséquilibré au détriment des salariés. Depuis 2010, les gouvernements ont cherché à promouvoir un régime centré sur la satisfaction des besoins domestiques, tant pour satisfaire aux demandes de la population que pour réduire la dépendance à l'égard de l'exportation. En un sens, le recentrage des autres systèmes productifs nationaux, s'il devient effectif, favorise aussi ce redéploiement de l'accumulation sur le territoire chinois. Cela va de pair avec une concurrence frontale avec le système d'innovation nord-américain, au point qu'on peut imaginer une nouvelle division du monde en deux zones, respectivement influencées par les États-Unis et la Chine en matière de relations commerciales, de normes techniques et de monnaies internationales. Vu la taille de l'économie chinoise, cette évolution donne crédit à un scénario de fractionnement de l'économie mondiale et de repliement sur l'espace national.

Ce contexte induit une crise structurelle des pays rentiers qui vivaient de l'exportation de leurs matières premières et dont la demande avait fortement crû jusqu'en 2015, sous l'impulsion de la Chine. Avec la décélération de la croissance chinoise, les capacités de production dans le secteur de l'énergie avaient fortement augmenté, en particulier par l'entrée massive du gaz de schiste américain. Avec le ralentissement de l'économie mondiale, avant même le coronavirus, puis le brutal arrêt des économies les plus importantes, les prix de l'énergie ont connu une chute abyssale au point que certains contrats de livraison à terme se sont clos par un prix négatif, faute de capacités de stockage suffisantes. Ainsi des économies aussi diverses que l'Arabie saoudite, la Russie et l'Algérie n'ont plus les moyens de leur politique de dépenses publiques, car les recettes du pétrole et du gaz constituent l'essentiel des recettes de l'État. Il faut anticiper la multiplication des crises sociales et politiques de ces régimes. En effet, il leur est difficile de forger dans l'urgence une matrice productive leur permettant de satisfaire la demande domestique : les entrepreneurs qui vivent de la rente sont aux antipodes de l'innovateur schumpétérien… Si, de plus, le respect de contraintes écologiques se manifestait par la stagnation, voire la décroissance, de la production matérielle, tous ces pays seraient structurellement bloqués dans leur développement. D'autant plus qu'ils seraient des exceptions dans un mode où chaque gouvernement vise une croissance autocentrée.

En retour, nombre de ces pays producteurs de pétrole se révéleront incapables de constituer l'épargne qui était traditionnellement investie sur les marchés de New York et de Londres dont elle assurait la prospérité, au titre d'un service d'intermédiation financière au niveau mondial. Voilà qui explique une part des difficultés que rencontrent les États-Unis pour persévérer dans un mode de développement fort particulier : des bulles spéculatives y relancent périodiquement une économie menacée de stagnation séculaire, qu'elle soit causée par l'insuffisance de demande liée à l'explosion des inégalités ou au tarissement des innovations capables de redresser la croissance de la productivité. Ainsi, s'ouvre une époque en rupture par rapport aux tendances observées depuis la décennie 1990.

L'Union européenne, maillon faible des nouveaux rapports géopolitiques

Cette analyse n'est pas sans conséquence sur les dynamiques respectives du capitalisme transnational de plateforme (États-Unis), du capitalisme à forte impulsion étatique (dont la Chine est l'exemple le plus probant) et du capitalisme démocratique au service des citoyens (figure 7.5).

Le premier est aux avant-postes de l'innovation technologique à l'initiative d'entrepreneurs privés dont la rentabilité élevée leur permet d'investir dans les secteurs d'avenir, ce dont la puissance publique n'a plus nécessairement les moyens ou l'expertise, par exemple avec la naissance d'une exploration spatiale privée. La puissance même de ce capitalisme rencontre au moins deux obstacles quant à sa résilience à long terme. D'une part, l'économie américaine fait converger toutes les inégalités de revenu, de patrimoine, d'accès au pouvoir politique, d'espérance de vie et de reconnaissance sur la fraction la plus défavorisée de la population, au point de poser à nouveau la question de la légitimité d'une société dominée par la richesse privée. D'autre part, le capitalisme de plateforme est si invasif qu'il menace la souveraineté de la plupart des nations : en réaction, les mouvements sociaux appuient des politiques populistes, qui tentent de discipliner ces puissantes multinationales… sans nécessairement y parvenir.

Le capitalisme étatique chinois est celui qui s'est révélé capable de résister aux pressions américaines et de poursuivre une stratégie de remontée technologique visant à lui assurer, à terme, une complète indépendance de son système de production et d'innovation. Les entreprises industrielles qui mobilisent les rendements d'échelle croissants n'ont pas besoin des marchés extérieurs car l'élévation du niveau de vie permet en théorie un modèle autocentré, à la dépendance près en termes de matières premières, tout particulièrement de pétrole. La capture de l'information par les autorités politiques peut convertir un avantage économique en un frein à l'initiative des acteurs dans la poursuite d'un processus de modernisation technologique. En revanche, l'organisation du pouvoir permet de vigoureuses politiques de réaction à l'aléa, alors que la plupart des autres sociétés sont parfois retardées, si ce n'est paralysées par un débat démocratique qui finit par réduire la crédibilité des politiques gouvernementales. Ce régime est loin d'être parfait, mais il a montré de remarquables capacités d'adaptation, tout particulièrement en 2008, et à un degré moindre en 2020. Qu'il ne soit pas démocratique paraît rédhibitoire aux yeux des Européens, mais pas nécessairement à ceux des dirigeants latino-américains ou africains adeptes d'un certain autoritarisme.

L'idéal européen d'une économie soumise au contrôle des citoyens est quant à lui loin de sortir grandi de l'épisode du coronavirus. Dans son ensemble, le Vieux Continent n'a pas su créer un nombre suffisant d'entreprises de l'économie de l'information, ce qui pèse sur son dynamisme et entérine une dépendance technologique, certes partielle mais préoccupante. Contrairement à ce que visait le traité de Lisbonne, l'Union européenne n'est pas devenue le pôle de l'économie mondiale le plus dynamique tout en incarnant un idéal de justice sociale. Certes, les inégalités n'ont pas connu les augmentations observées dans le monde anglo-saxon, mais les transferts sociaux nécessaires ont été difficiles compte tenu de la faiblesse de la base industrielle, tout particulièrement de l'Europe du Sud. Par ailleurs, le contrôle démocratique continue à s'exercer au sein des États-membres mais assez peu à Bruxelles, Strasbourg ou Francfort. On ne peut s'empêcher d'avancer une hypothèse peu rassurante : face à des stratégies américaine et chinoise clairement exprimées, la faiblesse de l'Europe comme puissance mondiale transparaît tout au long des deux dernières décennies et elle se manifeste à nouveau lors de l'irruption du coronavirus. En conséquence, au sein des vingt-six membres de l'Union européenne, certains pays se tournent vers les États-Unis, d'autres plus faibles vers la Chine. Ce qui ne favorise guère la recherche d'une issue fédéraliste aux difficultés récurrentes de la construction européenne.

8

Vers la fin de l'euro ?

« La conception du "projet de la monnaie unique" a été si influencée par l'idéologie et par les intérêts privés qu'il a échoué non seulement sur son objectif économique, apporter la prospérité, mais aussi dans son ambition de rapprocher les pays politiquement. »

Joseph STIGLITZ, *Comment la monnaie unique menace l'avenir de l'Europe*, Les Liens qui libèrent, Paris, 2016.

Afin de comprendre le diagnostic d'entrée dans une phase au cours de laquelle l'Union européenne risque son existence même, il faut faire retour sur son histoire qui a été jalonnée de crises souvent très graves, mais qui ont été finalement surmontées par un pas en avant dans la construction d'organisations communes et de procédures de coordination.

L'intégration européenne est-elle la solution ?

À l'origine, une interdépendance économique justifie des coordinations institutionnalisées : un surprenant succès

Au sortir de la Seconde Guerre mondiale, après l'échec de la proposition d'une Europe de la défense, hors d'atteinte tant les sentiments nationalistes sont encore présents, une proposition apparemment plus modeste est d'organiser l'interdépendance économique de la France et de l'Allemagne, avec l'espoir que cette complémentarité économique pacifie les rivalités politiques.

Cette logique se déploie à toutes les étapes de la construction européenne, depuis la Communauté européenne du charbon et de l'acier jusqu'au traité de Rome, puis de Maastricht et au lancement de l'euro conçu comme étape nécessaire pour éviter le délitement du marché commun, périodiquement déstabilisé par le réajustement des taux de change entre les monnaies européennes. Il est remarquable que la coordination se transfère du commerce à la monnaie, par une approche fonctionnaliste selon laquelle ce sont les forces économiques qui vont déterminer les priorités politiques. En fait, le saut de l'euro était fort périlleux. D'abord, toute monnaie est traditionnellement l'expression d'un pouvoir politique sur un territoire ; or les pays membres de la zone euro continuent à être des États-nations qui ont seulement mis en commun leur souveraineté monétaire. Ensuite, une banque centrale travaille en tandem avec un ministre des Finances afin que politiques monétaire et fiscale puissent être coordonnées par rapport aux objectifs d'un gouvernement. Tel n'est pas le cas dans la zone euro, puisque la BCE y fait face à autant de Trésors publics que de pays membres. Cette particularité n'est pas sans conséquences sur le difficile réglage de la conjoncture européenne, à cause de l'hétérogénéité des modes de régulation des diverses économies. Enfin, l'histoire montre qu'une monnaie nationale définit l'espace sur lequel opère un principe de solidarité et d'adhésion à un destin commun.

Ce sont ces trois problèmes non résolus – nature politique de la monnaie, hétérogénéité des trajectoires économiques et limite de l'encadrement de la concurrence comme principe de convergence des politiques nationales – que la crise du coronavirus a exacerbés au point de faire douter de la résilience de l'Union européenne.

Sans affirmation du principe de solidarité, l'euro est dans l'impasse

Depuis la crise des dettes publiques européennes de 2011, la fragilité de l'euro a périodiquement suscité l'interrogation des marchés financiers internationaux, au point de menacer l'existence de la monnaie commune (voir figure 8.1). Lors de cet épisode, l'explosion de la dette publique grecque a mis en évidence deux faiblesses majeures. En premier lieu, l'injonction adressée au gouvernement de développer la compétitivité structurelle de son économie est entrée en conflit avec la délibération démocratique, laquelle aurait impliqué de refuser un plan d'austérité qui a accru les difficultés de la Grèce. En second lieu, les discussions portèrent sur la restructuration de la dette publique et non pas sur les aides que l'Union européenne aurait pu apporter aux Grecs pour soutenir et moderniser leur économie.

La question dépasse le seul cas de la Grèce puisque, après 2008, la convergence des niveaux de vie et des taux d'inflation entre les membres de la zone euro s'est interrompue. Elle a fait place à une divergence entre le Nord et le Sud de l'Europe. Le premier groupe continue à progresser en termes de niveau de vie, alors que, dans les économies plus faibles du Sud, la baisse du niveau de vie et le chômage sont les moyens de restaurer une compétitivité qui ne peut plus l'être par la dévaluation de la monnaie, puisque désormais elles partagent une monnaie unique. Dans une zone de libre circulation des personnes, les plus talentueux et mobiles des citoyens du Sud vont travailler au Nord, ce qui renforce encore la polarisation de spécialisations : industries avancées et services aux entreprises dans le Nord, industries de moyenne gamme, services traditionnels et tourisme dans le Sud. Certes, cette mobilité restaure l'une des conditions de viabilité de l'euro, mais c'est une piètre alternative au principe de solidarité qui devrait aider les pays et les régions en retard, à une échelle bien supérieure que ce que permettent les fonds structurels.

À partir de la décennie 2010, l'afflux de migrants en provenance du Moyen-Orient et d'Afrique heurte la conception de la souveraineté nationale des pays d'Europe centrale. Leurs gouvernements refusent le principe d'une répartition décidée par Bruxelles en fonction des capacités et de la santé économique des pays d'accueil. Même au sein de l'Europe de l'Ouest, la progression du nombre d'immigrés de cette nouvelle génération suscite la réprobation d'une fraction de la population, qui ne trouve une expression politique que dans des mouvements plus ou moins ouvertement xénophobes. Les dirigeants européens constatent alors la divergence de leurs conceptions : pour certains, si l'on entend préserver la liberté de mouvement dans l'espace Schengen, une politique d'immigration commune s'impose ; pour d'autres, c'est l'attribut essentiel de la souveraineté nationale qui ne peut être forcé par une directive européenne. En outre, la masse des migrants se dirige vers l'Italie ou la Grèce, dont ils surchargent l'économie plutôt mal en point, sans que joue une solidarité au moins financière. En un sens, la campagne du Brexit a beaucoup joué sur la peur du migrant, et le retrait britannique a entériné cette primauté du choix national par rapport aux directives européennes, perçues comme non démocratiques.

L'Europe de la santé n'est pas une solution

Les commentateurs n'ont pas manqué de souligner le faible rôle qu'a joué la Commission européenne dans la coordination des luttes contre le coronavirus. À leurs yeux, cela aurait été un moyen de montrer que l'Europe avait la capacité à protéger les citoyens. Une analyse économique et institutionnelle conduit à relativiser ce jugement (voir figure 8.2). Dans la distribution des compétences entre les pays membres et l'Union européenne, la santé publique obéit au principe de subsidiarité, tout comme la politique sociale. Au-delà de cet argument juridique, il n'est pas clair que la responsabilité de la lutte contre les pandémies appartienne au niveau supranational intermédiaire qu'est l'Union européenne. En effet, par nature, la santé publique liée aux épidémies est un bien public mondial qui devrait être défendu et organisé à ce niveau. C'est précisément le rôle de l'OMS. Le reproche est dès lors celui de la faible importance de cette organisation internationale par rapport aux autres institutions du système des Nations unies.

Vers un moment décisif pour l'Union européenne

Après une longue période d'attentisme, puis d'attention portée à la négociation de la sortie du Royaume-Uni de l'Union européenne, le coronavirus a remis au premier plan le dilemme : avancée des coopérations entre pays membres ou éclatement ?

Un scénario d'économie-fiction : l'Italie précipite la crise de l'euro

À l'occasion de la divergence des trajectoires entre Europe du Nord et du Sud en 2020, l'Italie apparaît comme un « maillon faible », à même de reproduire les enchaînements dramatiques qui faillirent exclure la Grèce de l'euro. Or le poids de l'Italie est tel que le destin de l'ensemble de la zone euro serait en jeu (voir figure 8.3). Certes, la Commission européenne dispose d'outils pour venir en aide, par exemple au titre du Mécanisme européen de stabilité, mais aussi sous la forme de prêts et sous condition d'adoption de réformes dites structurelles, en fait de politiques d'austérité, du type de celles imposées à la Grèce. Lesquelles sont loin d'avoir prouvé leur capacité à promouvoir une sortie de crise par le haut, grâce au retour de la croissance et donc de la capacité de remboursement. En conséquence, les financiers internationaux se sont mis à douter de la soutenabilité de la dette italienne, ce qui s'est manifesté par un écart de taux d'intérêt entre Italie et Allemagne : tel fut déjà l'origine de la crise de l'euro en 2011. Dès lors, la Banque centrale européenne se trouve une fois de plus au premier rang de la défense de l'euro.

Une brutale prise de conscience : le marché unique peut disparaître, entraînant le marasme en Europe

De façon récurrente, les pays de l'Europe du Sud avaient proposé de créer un fonds de solidarité permettant de surmonter la divergence des trajectoires nationales. Pourtant, les dirigeants du Nord ont systématiquement bloqué une Europe des transferts, pour eux en rupture par rapport à leur conception d'une intégration fondée sur le respect d'une règle commune de bonne gestion, destinée à éliminer toute externalité, donc la nécessité d'une coordination entre pays membres. En mai 2020, l'initiative franco-allemande relance ce débat : un fonds de 500 milliards d'euros devrait aider les pays à surmonter la crise du coronavirus. Il trouve un relais à la Commission européenne. Le programme « la prochaine génération de l'Union européenne » propose aux gouvernements et au Parlement européen d'instituer un instrument européen afin de protéger la vie humaine, redresser l'économie et favoriser la résilience des sociétés (European Commission, 2020).

La novation est considérable : des aides, et non plus des crédits remboursables, devraient être financées par l'émission de titres européens, qui seront à terme remboursés par des impôts directement versés au budget communautaire. Ce basculement par rapport aux principes de l'orthodoxie de l'ordo-libéralisme tient à la perception d'une urgence : en l'absence d'initiative, les enchaînements dramatiques précédemment décrits allaient déboucher sur une nouvelle crise de l'euro, avec la perspective d'une partition du marché unique, crise dont l'Allemagne serait l'une des premières victimes, à l'époque du retrait de la globalisation et du recentrement sur l'espace européen des entreprises. Le propre des crises est de s'ouvrir sur la contingence, car le retour au *statu quo* apparaît impossible et il faut innover pour surmonter l'incertitude radicale qui paralyse l'action des entreprises et des individus.

Une relance fort incertaine de la construction européenne

S'agit-il d'un moment fondateur en direction d'un fédéralisme européen sur le modèle de ce que fut, en 1790, la reprise par le premier secrétaire au Trésor américain Alexander Hamilton des dettes des États, consécutives à la guerre d'indépendance ? La prudence s'impose, car ce n'est que la toute première phase d'un processus ouvert et par nature incertain.

Le plan européen est en effet réputé être une réponse transitoire au coronavirus et s'achever avec cet épisode : il est d'abord conçu pour anticiper l'opposition à une Europe des transferts de la part des pays qui doutent de l'acceptabilité par leur opinion publique d'aides vers des pays qui n'ont pas su, ou pu, respecter les règles communes. Ensuite, dans le processus de négociation qui s'ouvre, les pays « frugaux » du Nord pourraient accepter le principe d'aide, mais en contrepartie de conditions strictes imposées aux pays bénéficiaires. Or c'est déjà ce qui a conduit le gouvernement italien à refuser les prêts du Mécanisme européen de stabilité. En cela, il relaye l'opinion des citoyens dont le niveau d'adhésion à l'Union européenne s'est considérablement réduit depuis 2011. En quelque sorte, ce serait la réédition du traitement imposé à la Grèce, ce dont un parti nationaliste italien ne manquerait pas de s'emparer.

De plus, pour avoir beaucoup attendu pour réparer les failles de l'euro, les responsables doivent, dans l'urgence, rattraper le temps perdu. Hélas la construction de toute institution prend du temps et ne livre les effets attendus qu'à l'échelle d'une décennie au moins. Pendant cette période intérimaire, il n'est pas évident que l'Union européenne sache répondre aux demandes contradictoires des gouvernements, encore moins concevoir et décider les politiques en réaction à de nouvelles (mauvaises) surprises que pourrait impliquer la dislocation des relations internationales ou l'irruption d'une autre crise financière internationale. Rien ne serait pire si le temps compressé de la finance s'imposait, à nouveau, à celui du politique et de la mise en œuvre de stratégies de long terme pour la cohésion de l'Europe.

Enfin, l'Union européenne ne peut espérer prospérer que si la divergence des performances économiques et des niveaux de vie, observée depuis 2008 entre le Nord et le Sud, s'interrompt au profit d'une croissance plus équitablement partagée au sein des pays et entre eux. À cet égard, des transferts même massifs en faveur de l'Italie ne sont qu'une solution transitoire si par exemple une ambitieuse et persévérante politique industrielle ne vient pas redresser les perspectives d'amélioration du niveau de vie des Italiens. La question devient dès lors : les citoyens se montreront-ils aussi patients quant à l'évaluation de la protection et des bienfaits que leur apporte l'Union ? De même, les gouvernements de l'Europe centrale entendent bénéficier des aides de l'Union, sans pour autant satisfaire à ses exigences en matière de démocratie et d'État de droit. La tension entre « populistes » et « progressistes » parcourt l'Europe et limite singulièrement la probabilité de la formation d'une identité politique commune.

Les coalitions politiques nationales soutenant durablement l'Union européenne : mission impossible ?

Trop souvent, les discussions sur la réforme des institutions européennes sont abordées sous un angle technique : en cela elles continuent à suivre le paradigme fonctionnaliste fondateur, qui associe à tout problème économique de coordination entre pays une solution rationnelle. Par exemple, pour que l'euro soit viable, il doit être associé à un pouvoir fiscal et une capacité de dépenses publiques incarnés par un ministère des Finances européen, le tout contrôlé par un Parlement commun à tous les membres. *Quid* si les citoyens pensent que leurs intérêts sont mieux défendus au niveau national, ce que relaient les décideurs politiques élus au niveau national et non pas européen ? Ou encore si l'issue à la crise de l'Union européenne dépendait d'une bataille des idées entre nationalistes souverainistes et progressistes fédéralistes, comme si telle était la variable unique et discriminante ?

L'économie politique moderne développe une approche plus réaliste des sociétés contemporaines (Amable et Palombarini, 2018) : au sein de chaque nation, les divers groupes socioprofessionnels examinent si telle ou telle avancée de l'intégration européenne – le marché unique, l'euro, « le projet » nouvelle génération de l'UE – lui apporte des bénéfices, des coûts et des risques. Mais, avec le durcissement de la concurrence intra-européenne, la financiarisation des économies, l'essor des réseaux sociaux et l'effritement des formes traditionnelles de l'intermédiation politique – les partis, les syndicats –, les trajectoires se sont individualisées. En conséquence, il est devenu particulièrement difficile de trouver les coalitions sociopolitiques dotées d'une certaine stabilité, capables de soutenir un approfondissement de l'intégration européenne. On fait appel au talent du lecteur pour imaginer les coalitions respectivement en Italie et en Allemagne, en France et en Hongrie, au Portugal et aux Pays-Bas, dont la conjonction pourrait soutenir le programme « nouvelle génération de l'UE ». Or c'est de la simultanéité et de la durabilité de ces compromis nationaux que dépend le futur de l'Union européenne.

Dernière inquiétude, dans un monde d'une complexité sans précédent, de ce fait frappé d'incertitudes multiples, le calcul rationnel que propose la théorie économique rencontre ses limites. Dans un tel contexte, l'émotion, le récit, la communication politique, les idées simplistes, fussent-elles fausses et dangereuses, triomphent (Bronk et Jacobi, 2020). Quel handicap pour la progression dans l'intégration européenne, qui appelle au contraire pragmatisme et doigté dans la recherche de compromis nouveaux, fondateurs d'un régime socioéconomique original…

À l'échelle mondiale, en supposant même la pandémie vaincue, il est en tout cas de plus en plus illusoire d'anticiper un retour rapide au *statu quo*. En effet, cet épisode illustre et renforce la contradiction majeure qui déchire les sociétés depuis les années 2000 : elles sont devenues extrêmement dépendantes économiquement et financièrement dans un monde interconnecté, mais une fraction croissante de la population aspire à retrouver tous les attributs de la souveraineté nationale. L'incapacité à surmonter cette contradiction est porteuse d'une dislocation des relations internationales et par conséquent de la crise de la plupart des régimes socioéconomiques. Ce mal frappe aussi l'Union européenne, car la persistante opposition des spécialisations, des intérêts économiques et des idéologies débouche sur une crise au sens originel de moment critique où se joue la mort ou la mutation de l'euro et du marché unique. Au-delà de la difficile réanimation des économies nationales, l'enjeu est plus que technique : quelles sont les coalitions politiques et compromis institutionnalisés susceptibles d'émerger et de surmonter les multiples incertitudes qui demeurent ?

9

Les sorties de crise : réencastrer économie, société et politique

> « Rien n'obscurcit aussi efficacement notre vision de la société que le préjugé économiste. »
>
> Karl Polanyi (1886-1964), *La Grande Transformation*, 1944 (Gallimard, 1983).

> « Les économistes sont présentement au volant de notre société, alors qu'ils devraient être sur la banquette arrière. »
>
> John Maynard Keynes, *First Annual Report of the Art Council*, 1945-1946.

Au fur et à mesure que la première vague de la pandémie semblait sous contrôle, les gouvernements ont levé progressivement le confinement, dans un contexte où les marchés financiers, surtout américains, anticipaient une rapide reprise économique. Pour autant, la réouverture des économies nationales n'est pas le simple symétrique de leur fermeture. En effet, durant le confinement, la plupart des régularités macroéconomiques ont disparu, de sorte que la tâche des décideurs, tant privés que politiques, est alors de favoriser des processus permettant un retour à des économies fonctionnelles. Concevoir de telles stratégies n'est pas aisé, car l'évolution différenciée de la consommation, la probable rupture des réseaux de sous-traitance et la disparition de firmes non solvables sont autant de facteurs qui hypothèquent le rapide retour à la normalité, laquelle était espérée au moment du lancement des vastes plans publics de soutien.

Un impossible retour au *statu quo*, mais des transformations qui ne font plus système

En mars 2020, en réponse aux décisions de confinement, les gouvernements ont lancé des plans de soutien aux entreprises et aux ménages d'une ampleur sans précédent. En France par exemple, l'objectif affirmé était de conserver l'ensemble des capacités de production et des compétences intactes afin de permettre une rapide reprise, dite en V pour signifier que les pertes de production seraient rapidement compensées dans la seconde moitié de l'année. Un trimestre plus tard, avec l'annonce de licenciements par des grandes firmes, au demeurant aidées par les plans gouvernementaux, il était de plus en plus clair que structures productives et consommation sortiraient transformées du coronavirus. Plus fondamentalement, toutes les formes institutionnelles encadrant l'activité économique enregistreront des changements majeurs, probablement durables (voir tableau 9.1).

Si les plans de soutien gouvernementaux bénéficient d'un refinancement des dettes publiques à des taux d'intérêt quasiment nuls, à court et moyen termes leur soutenabilité ne fait pas question. En revanche, la prééminence qui était accordée à la Banque centrale en matière de gestion du cycle économique arrive à ses limites : c'est au tour des gouvernements d'intervenir au moyen du budget, car des aides et des transferts doivent compléter les garanties de crédit. C'est ce que l'on a observé tant aux États-Unis qu'en Europe, changements importants dans l'équilibre entre politiques monétaire et fiscale.

Depuis les années 1990, l'État moderne était supposé apporter son soutien actif à l'innovation, il était devenu plus schumpétérien que beveridgien ou bismarkien, en tant que tuteur du système de couverture sociale. Les pénuries apparues dans le système de santé dans sa lutte contre le coronavirus ont fait ressortir que c'était la conséquence d'un sous-investissement durable en matière de dépenses et d'infrastructures publiques, pour la santé mais aussi l'éducation, la formation et la recherche. Il n'est pas exclu que, durablement, les gouvernements mettent en œuvre une biopolitique.

La relation salariale avait enregistré une polarisation des statuts et des rémunérations des salariés selon qu'ils participaient ou non au nouveau paradigme productif impulsé par les NTIC. Par opposition, ceux qui continuaient à assumer des tâches de transformation de la matière ou de services à la personne subissaient un déclassement. Le rôle déterminant des hôpitaux et du corps médical dans la limitation de la mortalité liée au coronavirus a validé, semble-t-il, leurs revendications à une meilleure considération et rémunération. Ainsi, invoquer le principe en vertu duquel « chacun devrait être rémunéré en fonction de l'utilité sociale de son travail » est un retour aux sources de la reconnaissance du rapport salarial après la Seconde Guerre mondiale. Si ce principe est mis en œuvre, ce serait une rupture avec la croissance des inégalités liées en particulier à l'explosion de la rémunération du secteur de la finance. Il est une seconde transformation engageant l'avenir : les secteurs frappés d'inactivité par le confinement ont pu développer à un rythme sans précédent le télétravail, source d'une nouvelle transformation du rapport salarial. Enfin, dans l'urgence, les gouvernements ont accordé un soutien du revenu sans condition, initiative qui se prolonge dans certains pays, en Espagne par exemple, par un projet de revenu de base du citoyen accordé de façon permanente. Ainsi se renoue un débat qui avait animé l'élection présidentielle française de 2017. Le coronavirus est bien un révélateur des tensions accumulées et un accélérateur des mutations, habituellement bloquées par la routine des pratiques.

Le confinement a érodé les arrangements et conventions qui soutenaient le mode de régulation

Autant en mars 2020 la chute de la production, de la consommation et de la mobilité fut quasiment verticale, autant la réouverture des économies ne peut être que progressive, compte tenu des changements dans les comportements et les formes institutionnelles qui viennent d'être décrits. Divers mécanismes impliquent hystérésis et irréversibilités.

De l'épargne forcée à l'épargne de précaution face au risque de chômage et au retour du virus

L'évolution de l'épargne est un bon exemple d'une telle discontinuité. En effet, le confinement réduit la consommation à l'essentiel, à savoir l'alimentation et les soins médicaux urgents. Empêchés de consommer, les familles et les individus accumulent une épargne forcée, sous forme monétaire. Le destin de cette accumulation de réserve est ouvert sur une nouvelle incertitude (voir figure 9.1).

Soit la frustration de la non-consommation se traduit par une explosion des achats, pour autant que soient ouvertes toutes les entreprises. Dans ce cas, il faut anticiper une reprise rapide, si ce n'est la complète compensation des pertes, difficiles pour les activités de service, telles que la restauration, le tourisme, les spectacles vivants. On pourrait même imaginer un regain de tensions inflationnistes, limitées cependant car le salaire nominal n'est plus indexé sur les prix à la consommation et le pouvoir de négociation des syndicats a beaucoup décliné.

Soit, au contraire, la faillite de certaines entreprises implique une conversion du chômage partiel en un chômage à temps complet. Dans ce cas, l'épargne de précaution succède à l'épargne forcée et rend difficile une vigoureuse reprise. C'est d'autant plus le cas que la population redouterait une reprise de la pandémie. Dans cette seconde configuration s'installe plutôt un chômage keynésien, qui peut se révéler durable. On retrouve en effet le paradoxe de l'épargne puisque les salariés en voulant se garantir du chômage en épargnant, limitent leur consommation, ce qui accroît l'insuffisance de demande effective, donc le chômage.

Il se peut que le contexte institutionnel et le degré de confiance dans les autorités jouent un rôle déterminant dans l'amorce de l'une ou l'autre de ces trajectoires. Aux États-Unis par exemple, la confiance dans les mécanismes de marché et l'abondance des liquidités transférées directement aux ménages peuvent alimenter une reprise rapide sans que pour autant l'économie retrouve le niveau d'activité précoronavirus. À l'opposé, en France, pays dans lequel l'opinion publique manifeste l'un des degrés de pessimisme concernant l'avenir le plus élevé au monde, au sortir du temps partiel, la constatation d'une augmentation du chômage peut induire un chômage keynésien, difficile à éradiquer.

Une autre incertitude : que sont devenus clients et fournisseurs ?

L'allongement des chaînes de valeur avait été guidé par une logique marchande d'abaissement des coûts de production, sans que se pose la question de la stabilité des processus productifs en réponse à des chocs macroéconomiques ou encore à l'irruption d'une pandémie qui n'était absolument pas prise en compte par le calcul des entreprises. De la même façon, les anticipations de la demande adressée à une firme se fondaient sur une stratégie d'arbitrage entre qualité et prix, au sein d'un marché global relativement prévisible. Le coronavirus fait ressortir que ces deux hypothèses résultent de constructions sociales qui peuvent avoir été mises à mal par la durée de l'arrêt de la production (voir figure 9.2).

Toute les entreprises ont donc à réviser leurs perspectives de moyen terme et font face à une incertitude plus grande que par le passé. En particulier, les entreprises ne font pas face simplement à des contraintes de liquidité – ce qu'un accès au crédit permet de surmonter –, mais à un risque de faillite dû à la disparition des sources de leur rentabilité, comme la mobilisation des rendements croissants grâce à une demande en expansion.

En un sens, la décision est encore plus difficile concernant la sous-traitance : avec la multiplication des niveaux d'approvisionnement des diverses composantes d'un produit final, lors de la reprise d'activité, un donneur d'ordre peut avoir la surprise de constater que des fournisseurs essentiels ont disparu faute de clients et de rentabilité. Ce risque est d'autant plus grand que la chaîne de valeur dépasse le territoire national et touche à la division internationale du travail.

Les limites des politiques traditionnelles face à une extrême hétérogénéité sectorielle et géographique

Dans la plupart des crises, y compris financières, l'action sur les grandes variables macroéconomiques se révèle suffisante pour redresser l'activité économique. Après les plans de soutien aux entreprises, la sortie du confinement a aussi comporté des plans concernant la taxation, les dépenses publiques et les incitations. Mais il faut également tenir compte de la rupture des articulations entre les divers secteurs de l'économie, car la même thérapie ne peut s'appliquer de façon uniforme.

Des évolutions divergentes entre les secteurs

Dans le secteur manufacturier, les rendements d'échelle risquent de perdre de leur importance, face à une demande incertaine et faiblement croissante, mais on peut imaginer que l'intelligence artificielle puisse apporter une contribution significative qui s'inscrit dans la poursuite de la robotisation des processus industriels. Le secteur de la construction est surtout affecté par l'arrêt des chantiers et les mesures de distanciation physique, ce qui devrait plutôt réduire la productivité. Pour leur part, le commerce et la logistique sont dans la phase des rendements d'échelle croissants grâce aux plateformes de e-commerce, qui ont toutes chances de se poursuivre dans la phase de reprise économique. On peut imaginer une évolution parallèle pour les services aux entreprises, car le télétravail s'est considérablement accru tout en permettant, à terme, des économies de déplacement et de loyers des locaux professionnels.

À l'opposé, les services à la personne sont, pour la plupart bâtis sur un échange dans lequel fournisseurs et usagers se font face. Un maintien durable des barrières destinées à freiner la réapparition du virus implique une moindre productivité, d'où peuvent résulter de difficiles problèmes de financement, afin de rendre solvable par exemple la couverture de la dépendance. Le secteur de la santé occupe une place particulière (voir chapitre 5), car le progrès médical va de pair avec un plus grand volume d'investissements et la sophistication des moyens engagés. Enfin, l'éducation a connu un bond qualitatif avec la pandémie, qui a contraint à utiliser les moyens numériques de façon beaucoup plus massive que par le passé, sans que pour autant ait été trouvé un modèle éducatif adapté à l'ère du numérique. Ce sont autant de raisons pour une approche sectorielle des sorties de crise, nouveauté par rapport à la plupart des grandes crises précédentes.

Comment résorber séquentiellement les déséquilibres qui bloquent la reprise économique ?

Pour traiter des questions macroéconomiques, théoriciens et praticiens ont construit des modèles agrégés et accepté l'hypothèse, héroïque mais très commode, de l'existence d'une firme et d'un agent représentatif de l'ensemble de l'économie. Cette méthode est totalement inappropriée pour éclairer les processus de sortie de la crise du coronavirus, puisque la difficulté tient à l'hétérogénéité des situations et à la nécessité de formaliser le rééquilibrage entre les contributions des différents secteurs.

Depuis un ouvrage fondateur (Nelson et Winter, 1985), s'est développée une approche évolutionniste des processus économiques, à travers des mécanismes de sélection par la concurrence et d'apprentissage par l'imitation, de la part d'acteurs hétérogènes interagissant à travers les marchés des biens et du travail. Il en ressort que les régularités sur lesquelles sont bâtis les grands modèles macroéconomiques, de court comme de long terme, sont en fait des propriétés émergentes qui dérivent de l'agrégation d'évolutions contrastées incluant disparition de firmes et création de nouvelles.

Ces travaux montrent que certains goulots d'étranglement conditionnent l'évolution de l'ensemble de l'économie, de sorte que la tâche des autorités publiques est en priorité de les desserrer et non pas de multiplier les interventions globales tous azimuts qui ne s'adressent pas au cœur du blocage de l'activité économique (Auray et Eyquem, 2020).

Enchaîner des cercles vertueux pour retrouver un système économique fonctionnel

Il est utile de faire retour sur une interprétation éclairante de la théorie keynésienne comme faille dans la coordination des agents dans une économie où le système de prix n'est plus capable de piloter efficacement l'allocation des ressources (Leijonhufvud, 1968).

L'actualité du message keynésien : la demande, déterminant de la production et de l'emploi

Depuis les années 2000, le débat fait rage parmi les économistes : d'un côté, des classiques proposent une stimulation de l'offre ; de l'autre, les keynésiens insistent pour une relance de la demande. L'immobilisation de l'économie par le coronavirus a toutefois changé le panorama. Certes, les programmes de soutien ont visé à aider les firmes à traverser une période difficile en termes de crédit et de rentabilité et simultanément à garantir un revenu minimal des ménages. Pourtant, la progressive libération de l'activité économique a fait ressortir l'importance de la relance de la demande. En effet, compte tenu de l'ampleur des coûts fixes, une demande déprimée – entre 30 % et 80 % selon les secteurs – implique une chute de la rentabilité qui conduit les entreprises à la faillite si elle se prolonge trop longtemps et que s'épuise le refinancement des crédits. La solution serait-elle de réduire la fiscalité, dite de production, des entreprises comme le demandent leurs représentants ? Hélas, cette aide n'est qu'un piètre substitut à un redressement de la demande adressée à la firme, car ce dernier est le mécanisme essentiel pour retrouver la rentabilité dès lors qu'elle atteint le niveau normal d'utilisation de ses capacités de production. Telle est la proposition des tenants d'un « choc d'offre keynésien » qui réaffirment l'antériorité de la demande par rapport à l'offre dans une économie en déséquilibre où prévaut un chômage involontaire. L'action sur la demande peut obtenir ce qui est hors d'atteinte pour les politiques de l'offre à travers la fiscalité, car aucune firme ne peut produire sa propre demande, à l'opposé de la loi de Say qui confond équilibre *ex post* et processus d'atteinte de cet équilibre.

Prenons un exemple. Pourquoi la plupart des gouvernements européens s'activent-ils pour relancer le tourisme, national à défaut d'international ? D'abord parce que les recettes correspondantes représentent une part significative du PIB pour nombre de pays et que c'est un secteur à forte intensité en main-d'œuvre. Par ailleurs, pour autant que soit garantie la sécurité sanitaire, la demande après un difficile confinement a toutes chances de se manifester. Mais la relance de ce secteur peut avoir un rôle stratégique. Si le tourisme reprend, le trafic aérien peut recommencer vers les destinations correspondantes, ce qui limite les pertes considérables des compagnies qui ont dû réduire leurs vols de près de 80 %. Si ce boom du tourisme se concrétisait et se consolidait au cours du temps, la crise de la construction aéronautique s'en trouverait atténuée à défaut de surmontée. À son tour, par le jeu de la sous-traitance, une reprise de l'activité des grandes compagnies de l'aéronautique a un effet d'entraînement sur le réseau des sous-traitants. Leur redressement participe à l'augmentation de l'emploi et à la croissance du pouvoir d'achat des salariés. Au bout d'un certain temps, on peut imaginer que ces derniers consacrent à nouveau une fraction importante de leur revenu aux dépenses de tourisme. Ainsi pourrait s'amorcer une spirale vertueuse, prémisse à un retour vers la normalité économique. Bien sûr, ce n'est qu'une présentation simplifiée, car il faut articuler diverses spirales et mobiliser toutes les interdépendances sectorielles pour que ce résultat soit atteint.

Pour faire image, la politique de sortie de crise devient l'art d'enchaîner les cercles vertueux de reprise de l'activité économique, toujours soumise à la menace d'un retour de la pandémie.

Réajuster la complémentarité des arrangements et formes institutionnelles

La recherche de ces enchaînements vertueux dépasse les capacités des acteurs pris individuellement, puisqu'elle implique la construction de procédures de coordination qui socialisent les anticipations et canalisent les stratégies. Cette stratégie est applicable à un double niveau, sectoriel/local puis national.

La mise en commun des informations peut servir de point de départ pour la négociation d'arrangements, sectoriels ou locaux, qui assurent la prise en compte et l'internalisation d'externalités positives. Au niveau sectoriel, les associations professionnelles des entrepreneurs et les représentants des salariés peuvent s'entendre sur la gestion de l'emploi et de la durée du travail ajustée sur l'évolution de l'activité du secteur. Il est ainsi possible de favoriser une certaine prévisibilité assurant l'acceptabilité d'une adaptation du contrat de travail à la restructuration productive et à l'évolution de la composition de la demande. Au niveau local, la mise en relation directe entre producteurs agricoles et consommateurs peut, pour partie, surmonter les failles de la coordination qui bloquent l'accès au circuit de la grande distribution. Plus généralement, les monnaies locales ont la propriété de promouvoir la cohérence entre un système de production territorialisé et les besoins d'une communauté. Ces types d'arrangements sont autant de réducteurs d'incertitude, car ils permettent une réponse raisonnée aux difficultés sur lesquelles bute la reprise économique.

Au niveau de l'économie nationale, la viabilité d'une sortie de crise tient à un ajustement mutuel des différentes sphères d'activité afin qu'elles forment à nouveau un ensemble cohérent. Ainsi la réorganisation des écoles en fonction de la réduction des risques sanitaires doit favoriser le retour des enfants, libérant les parents empêchés de travailler, si ce n'est à temps partiel. Mais, à son tour, le retour au travail dans l'entreprise suppose qu'y soit assurée la sécurité sanitaire ainsi que lors des trajets entre le domicile et le travail. En conséquence, les services collectifs sont aussi impliqués, puisqu'ils doivent lever les obstacles à la reprise de l'activité privée. Au lieu de laisser les acteurs buter de façon répétée sur ces difficultés structurelles, il appartient à la puissance publique de faire émerger des règles qui réintroduisent prévisibilité et fluidité des ajustements en réponse à une conjoncture sans précédent.

La resynchronisation des temps sociaux

Le coronavirus a fait ressortir avec brutalité une évidence trop longtemps oubliée : les sociétés opèrent grâce à la synchronisation temporelle de toutes les activités. Le confinement a concaténé le temps de l'économie sur celui de la pandémie. L'atténuation des mesures de distanciation physique a introduit un conflit des temporalités : fallait-il qu'à nouveau le temps de l'économie prime sur celui du coronavirus ou, à l'inverse, la reprise devait-elle se caler sur la progression de la recherche médicale sur les vaccins ?

L'exemple précédent de la mise en cohérence du système éducatif, de l'organisation des entreprises et de la gestion des transports et des services collectifs pose aussi la question de la synchronisation des horloges, condition *sine qua non* de l'efficacité des arrangements complémentaires qui peuvent émerger. Les analyses comparatives suggèrent en effet que cela peut être une variable discriminante : dans chaque société, un compromis institutionnalisé fondateur se décline selon un temps social particulier, celui de la grande industrie, puis de la consommation de masse, enfin celui de la finance.

Or le temps de la finance n'a pas cédé la place à celui des pandémies, puisque en juin 2020 la Bourse américaine, qui continue à servir de point focal au reste du monde, restait indifférente au chômage de masse et aux mouvements sociaux en faveur des droits des Afro-Américains. Les financiers semblaient considérer qu'un ou des vaccins étaient en passe d'être trouvés, donc que la crise était surmontée. Mais ils oubliaient que le relâchement complet du crédit par la Banque centrale américaine était la source essentielle de cet emballement boursier, ce qui a interrompu le mouvement de Yo-Yo des cours en réaction à l'incertitude radicale qui prévalait en mars 2020 (voir chapitre 3).

L'État architecte du redéploiement des économies ?

Une vision du futur est nécessaire et elle suppose un degré de généralité qui dépasse habituellement la capacité de coordination des agents. Au sortir de la Seconde Guerre mondiale, en France tout au moins, une planification indicative a eu cette fonction : socialiser les perspectives des entreprises, des salariés et des administrations publiques sous l'égide de l'État, autour d'un sentier de développement central, quitte à le compléter par des dispositifs de réponse aux aléas, tant domestiques qu'internationaux.

Le contexte a certes beaucoup changé, mais cette stratégie peut se transposer à l'accompagnement, si ce n'est au pilotage, de la sortie de la crise du coronavirus. Après une large concertation, l'État annonce ses priorités : accélération de l'économie numérique pour les secteurs des petites et moyennes entreprises, poursuite de l'objectif d'une économie décarbonée à l'horizon 2035, préparation du système de santé au vieillissement et au retour des pandémies. Ces annonces réduisent le champ des possibles et facilitent une prise de risque des agents privés. Ce qui contribue à faire émerger de nouvelles activités destinées à fournir un emploi à tous ceux qui auront perdu le leur du fait de la fermeture des entreprises devenues non rentables ou sans débouchés à cause de la pandémie. L'annonce que le système productif ne ressemblera pas à celui du passé ouvre en effet le champ des possibles, depuis le capitalisme de l'information et du contrôle jusqu'au mode de développement anthropogénétique. Alors pourraient se concrétiser par l'investissement les promesses si souvent répétées d'une « économie verte ». La contrepartie devrait être un effort de requalification et de formation en direction de ces nouveaux métiers, composante essentielle d'un rapport salarial bâti sur la formation et le renouvellement des compétences et non plus sur la défense d'emplois peu qualifiés grâce à l'exonération des cotisations sociales. Mais toutes ces perspectives ont une condition préalable : le retour de la confiance.

Le retour de la confiance : indispensable, mais pas si simple

Que devient le lien social à l'époque de la distanciation physique ?

La question n'est pas secondaire dès lors que le virus continue à circuler dans les sociétés après que les gouvernements ont décidé de réamorcer l'activité économique. De ce fait, les contacts humains doivent demeurer distants afin de bloquer une nouvelle vague de la pandémie, scénario possible selon les épidémiologistes. On ne saurait sous-estimer la dissonance cognitive que ce maintien implique : chacun doit se protéger de tous en évitant les contacts trop proches. Cette consigne est dévastatrice pour les services qui supposent un face-à-face ; et la lenteur de la reprise d'activité dans la restauration, les hôtels, le tourisme et les spectacles s'explique largement par la crainte d'infection par le virus. Or ce sont des secteurs intenses en emploi, essentiels dans la résorption du chômage.

À un niveau plus fondamental, le coronavirus a mis en évidence une configuration paradoxale, caractérisée par une défiance locale pour mieux assurer une solidarité globale par le blocage de la propagation du virus (voir figure 9.3). En effet, les analyses socioéconomiques font au contraire ressortir que confiance interpersonnelle et confiance dans les organisations et sociétés vont en général de pair (Algan et Cahuc, 2008). Dans une société de défiance, telle la France, la gestion de la pandémie a plutôt aggravé les doutes concernant l'efficacité et parfois la légitimité des décisions du gouvernement. Des citoyens mécontents se sont plaints qu'il ait été incapable de tenir ses promesses, par exemple celle d'une rapide disponibilité des masques, d'abord présentés comme inutiles, puis recommandés et même obligatoires dans les transports et les espaces fermés. De même, la confiance accordée aux scientifiques conseillers des pouvoirs publics s'est progressivement érodée avec la constatation de divergences d'appréciation entre spécialistes, médecins hospitaliers, chercheurs en virologie et modélisateurs de la diffusion des épidémies. Le gouvernement ne dissimulerait-il pas des décisions politiques sous l'apparence d'un déterminisme scientifique ? Au point de susciter une multiplicité de procès à l'encontre des responsables politiques et administratifs (voir chapitre 4).

Cette perte de confiance en l'État, dont on sait le rôle historique dans la construction de la citoyenneté et d'un capitalisme *sui generis*, peut compromettre l'efficacité de tout plan de redéploiement de l'économie postcoronavirus (voir figure 9.4).

Le numérique contribue à la dématérialisation du lien social

Que deviennent les relations sociales à l'époque du télétravail, des visioconférences, des web-séminaires et même des examens à distance ? La centralité des contacts sur le lieu de travail disparaît, ce qui ne sera pas sans conséquences sur la formation des identités sociales : primat de l'individu sur l'appartenance à un collectif. Ensuite, s'estompent les frontières entre travail pour l'employeur, activité familiale, voire loisirs. Il en a résulté un pas supplémentaire dans un contrôle numérique et automatisé et non plus panoptique et humain. L'exercice de l'autorité de l'employeur sur son subordonné se fait encore plus complet, sans qu'il soit toujours perçu comme une atteinte à la vie privée. Enfin et surtout, la possibilité de déconnexion temporelle des divers contributeurs à un même produit ou projet pousse un cran plus loin la décomposition du travail en une série de tâches qui n'ont plus à être synchronisées. Les techniques numériques livrent un territoire insoupçonné à un taylorisme du XXIe siècle.

Ce qui était propre aux réseaux sociaux – l'acceptation d'un usage commercial des données personnelles en contrepartie de services apparemment gratuits – s'étend à l'activité productive et non plus seulement aux loisirs. Conséquence de la conjonction de tous ces processus de distanciation par le numérique, la distribution spatiale des activités sur les territoires ou encore sur la conception des villes et l'urbanisme est en passe de changer : l'*Homo numericus* sera-t-il le cheval de Troie de l'individu sérialisé qu'est l'*Homo economicus* des théoriciens ?

Le retour des conflits du travail : protection à l'égard du coronavirus et menaces sur l'emploi

Dans les sociétés européennes plus qu'aux États-Unis, les luttes ouvrières ont abouti à la constitution de syndicats, d'un droit du travail visant à limiter l'asymétrie de pouvoir entre patrons et salariés, et d'une couverture sociale. Bien que plusieurs décennies de dérèglementation et de flexibilisation de l'emploi aient réduit ces acquis, ce socle juridique demeure le levier dont peuvent user les salariés pour s'opposer à une réduction de leur protection et de leur revenu.

Dans ce cadre, la pandémie a fait surgir des conflits capital/travail originaux (voir figure 9.4). À partir de mai 2020, les entreprises européennes ont fait pression sur les gouvernements pour relâcher les barrières à la propagation du virus, alors même que son éradication n'était pas acquise. Dans certaines entreprises frappées par des cas d'infection, certains salariés ont refusé de retourner sur leur lieu de travail car leur santé était mise en danger par l'insuffisance des précautions sanitaires. Les tribunaux ont donc dû arbitrer entre deux droits en conflit : les directions invoquaient le droit de licencier tous ceux qui n'exécutaient pas leur ordre de retour au travail, les salariés arguaient que la loi obligeait ces directions à garantir leur sécurité, y compris sanitaire, lorsqu'ils travaillaient au sein de l'entreprise, ce qui justifiait leur droit de retrait. Selon les cas et les pays, les juges ont pu trancher différemment le conflit, car selon les mots du juriste français Maurice Hauriou (1856-1929), « le droit est un intermède entre des forces » et ces forces varient d'un État-nation à un autre.

Une autre source à venir de conflit tient à la défense de l'emploi. En France, à mesure que l'indemnisation du chômage partiel a été remplacée par celle du temps partiel, les entreprises qui n'avaient pas retrouvé un niveau suffisant de demande ont commencé à licencier, alors même que certaines d'entre elles bénéficiaient d'un soutien important de l'État. Dès lors, les représentants des salariés ont revendiqué que le maintien de l'emploi devrait être une condition pour l'octroi des aides publiques et ils ont invoqué la préservation des compétences, individuelles et collectives. Le conflit s'est déplacé dans la sphère politique et le gouvernement a dû faire face au trilemme déjà évoqué : comment concilier le redressement économique avec le maintien de la paix sociale, sans aggraver encore le déficit public ?

Les alliances politiques postcoronavirus : mission impossible ?

Est-il possible de construire des politiques susceptibles de surmonter ces conflits ? Certains précédents historiques montrent qu'une innovation sociale a le pouvoir de rendre conciliables adaptation des entreprises et maintien de la sécurité des salariés, telle la « flexisécurité » danoise. Mais la situation créée par la pandémie marque une rupture, car trois obstacles se dressent désormais dans la recherche d'un compromis institutionnel fondateur d'une nouvelle époque.

Une sérialisation d'individus aux identités éclatées

Dans l'histoire longue, les régimes socioéconomiques ont pu être structurés par rapport à des classes sociales définies par une opposition canonique : dans les régimes précapitalistes, le propriétaire foncier fait face aux paysans, dans le capitalisme industriel l'ouvrier s'oppose au capital et le capitalisme financier introduit une autre distinction entre entrepreneur et financier. Depuis la Seconde Guerre mondiale, avec l'essor du rôle de l'État et la constitution de systèmes de sécurité sociale, les relations sociales se sont notablement complexifiées car coexistent plusieurs rapports sociaux définissant autant d'identités (figure 9.5).

Ainsi, face au laxisme monétaire qui a permis de surmonter la crise de 2008, les agents économiques apprécient en tant que consommateurs un accès au crédit facilité, alors qu'ils déplorent en tant qu'épargnants la faible rémunération de leur capital. Si aux États-Unis le consommateur l'emporte sur l'épargnant, l'inverse est observé en Allemagne par exemple. Une deuxième césure concerne la propriété du logement : le propriétaire se réjouit des plus-values face à une demande stimulée par de bas taux d'intérêt, alors que le locataire est obligé de quitter les centres urbains car les loyers sont devenus trop chers pour lui.

Par ailleurs, l'État moderne organise une grande variété de services publics et de transferts sociaux et prélève par la taxation les recettes permettant de les financer. Les citoyens sont demandeurs de services publics de qualité et simultanément ils peuvent considérer que la fiscalité pèse trop lourdement sur eux. En France, on a retrouvé cette contradiction dans les revendications des Gilets jaunes, mais cette dissonance cognitive y semble assez générale : plus qu'ailleurs, semble-t-il, chacun voudrait bénéficier de services publics qui seraient payés par d'autres.

Enfin, la position par rapport à l'ouverture internationale des économies est traversée par des appréciations contradictoires : le salarié peut redouter la concurrence internationale qui limite la progression de son revenu, mais en tant que consommateur il apprécie de bénéficier de la baisse des prix relatifs que permettent des importations en provenance de pays à bas salaires.

Du fait de ces évolutions contradictoires, la politique économique des gouvernements acquiert une complexité certaine, car il devient de plus en plus difficile de satisfaire une majorité d'électeurs. Ainsi s'explique qu'une décision soit fréquemment réajustée, voire annulée, une fois constatés les effets inattendus et négatifs sur la population. Du coup, cette complexité perturbe l'appréciation par les individus des actions de l'État et peut entraîner un grand attentisme de gouvernements, qui préfèrent le *statu quo* à l'innovation en matière de politique économique. Ainsi, construire et entretenir une coalition politique par le ciblage de mesures affectant des groupes spécifiques est devenu de plus en plus difficile

Une opposition récurrente entre deux idéologies et blocs politiques

On l'a montré, la formation d'un bloc hégémonique est l'une de conditions de la viabilité d'un régime socioéconomique (Amable et Palombarini, 2018). Puisque le calcul rationnel est impuissant, il faut recourir à des heuristiques et proposer un récit par rapport auquel les individus vont se positionner.

Depuis les années 2000, le récit identitaire-conservateur est parvenu à rassembler une majorité dans un nombre croissant de pays. Les mouvements et les gouvernements populistes ont proposé à leur base de surmonter la complexité des processus économiques et sociaux, source d'une forme d'incertitude, par un discours simple, voire simpliste, mais mobilisateur (Bronk et Jacoby, 2020). Ce discours répond à celui du bloc qui se qualifie d'internationaliste-progressiste, défendant l'idée d'une globalisation inéluctable et porteuse de prospérité économique. Dès lors, les sociétés contemporaines sont traversées par le clivage entre ces deux idéologies qui se répondent l'une l'autre (voir figure 9.6).

À ceux qui défendent la nation comme espace de solidarité s'opposent donc les partisans de l'intégration dans l'économie mondiale, supposée porteuse de modernité. Pour la majorité des premiers, l'État a pour fonction de protéger les plus faibles, alors que pour celle des seconds, il doit être l'allié des entrepreneurs qui construisent un monde nouveau. Le risque économique est perçu de façon très différente : comme une menace par les identitaires, comme une source de progrès pour les internationalistes. La redistribution à travers la fiscalité doit mettre en œuvre une progressivité de l'impôt, alors que les tenants de l'internationalisation militent pour un impôt à taux unique en vue d'encourager le profit et le dynamisme économique. Les identitaires sont attachés à des services publics assurés par l'État, alors que les progressistes y voient une source d'inefficacité que des privatisations ou des partenariats privés/publics peuvent surmonter. Les perceptions de l'immigration sont de même aux antipodes : c'est une menace pour les uns, un bénéfice pour l'économie nationale pour les autres.

Toutes ces oppositions tendent à se polariser en des conceptions de l'économie fort différentes : pour les uns, l'État se doit d'être le régulateur et le tuteur de l'économie, pour les autres, seule la concurrence de marchés peut promouvoir le dynamisme économique et l'amélioration du niveau de vie.

La panne de l'intermédiation politique au niveau national

Dans ce contexte, on pourrait imaginer que les partis politiques, les syndicats ou les médias jouent un rôle accru dans la vie politique. Mais, en France, ce sont les hôpitaux, les PME et l'armée, la police et l'école qui ont recueilli la plus grande approbation : la crise du coronavirus y a mis au premier plan le maire et l'hôpital, alors que les administrations centrales n'ont pas su répondre aux attentes des citoyens (voir figure 9.7). Ainsi, les autorités locales ont pu organiser la production ou l'achat des masques tant attendus, compensation partielle des failles de l'État central. De même l'hôpital, qui était réputé aux yeux des décideurs publics pour l'inefficacité de son organisation, a montré dans l'urgence une surprenante capacité d'adaptation.

Ainsi, le niveau local se prête bien à l'invention de coordination en réponse à des événements dramatiques, alors que les autres niveaux (départementaux, régionaux et national) semblent paralysés par une superposition de responsabilités, finalement mal assurées. Hélas, ce rôle positif n'est pas suffisant pour faire émerger un nouveau mode de développement, car il implique nécessairement toutes les prérogatives de l'État-nation. La recherche de modalités efficaces de stimulation de la reprise économique montre que les outils de type politique industrielle et sectorielle s'appliquent bien aux grandes entreprises, mais qu'ils ne peuvent pas être mobilisés pour soutenir les PME qui risquent la faillite faute d'interventions ajustées à leurs problèmes. Cette impasse suscite la proposition innovante de confier aux banques commerciales le soin de déterminer si les aides de l'État au titre du temps partiel peuvent effectivement sauver l'activité et l'emploi des PME (Blanchard, Pisani-Ferry et Philippon, 2020). Cette réhabilitation de la banque dans son traitement de l'information émanant des firmes est bienvenue car, à l'opposé, l'idée selon laquelle seule la Bourse permettrait une allocation efficace du capital a vécu. Non seulement à cause de l'emballement spéculatif des cours sous l'effet de l'incertitude, mais encore du fait de son incapacité à gérer le crédit des petites et moyennes entreprises qui n'ont pas accès à la Bourse.

Enfin, le manque de confiance en l'État tient aussi à sa perte d'efficacité et pas seulement à sa verticalité par rapport aux citoyens. Le niveau local se prête bien à l'invention de coordinations en réponse à des événements dramatiques, mais il appelle son équivalent au niveau de l'État central pour que soit possible un pilotage de la sortie de la crise du coronavirus.

L'ampleur des déficits publics compromet-elle la soutenabilité des régimes émergents ?

À l'automne 2020, deux autres menaces économiques planaient sur les stratégies de sortie de crise. L'explosion des dépenses et des garanties de l'État, sans précédent depuis les périodes de guerre, ne risquait-elle pas de déboucher sur l'une ou l'autre de deux catastrophes : soit un regain d'inflation qui pourrait menacer l'ordre monétaire, soit le défaut d'États incapables d'honorer le remboursement de leur dette ? Sur ces questions aussi, le débat opposait deux clans : les tenants de l'économie de marché et les adeptes de l'ordo-libéralisme réaffirmaient qu'un État ne peut pas dépenser plus qu'il ne collecte de recettes ; tandis que les interventionnistes, au contraire, insistaient sur la capacité de l'État à ne jamais rembourser sa dette, puisque le plus puissant d'entre eux émet aussi la monnaie internationale qu'est le dollar.

Conformément à l'approche développée tout au long des chapitres précédents, il faut au contraire insister sur l'incertitude liée à la nouveauté absolue de la configuration créée par la crise sanitaire de 2020, ce qui suppose que seules des innovations majeures permettront de surmonter ces deux dangers. Lesquelles ne peuvent être déterministes, ce qui oblige à expliciter divers scénarios.

Inflation ou déflation ? Un pronostic ouvert sur l'affrontement de stratégies à venir

Un monétariste qui considère que « partout et toujours l'inflation est un phénomène monétaire » ne peut que pronostiquer un retour de l'inflation, voire une phase d'hyperinflation, susceptible de détruire le régime monétaire comme ce fut le cas en Allemagne en 1923. En effet, le refinancement par les banques centrales de tous les actifs, même ceux dont la qualité est la plus médiocre, et la monétisation directe du Trésor public ne peuvent conduire en théorie qu'à l'inflation. Mais ce pronostic a déjà été démenti lors de la crise de 2008 et le monétarisme des années 1960 et 1970 est resté aveugle à l'emballement du prix des actifs financiers, boursiers et immobiliers, ce que les indices de prix à la consommation ne prennent pas en compte. Dans les économies financiarisées, l'arbitrage n'est plus entre monnaie et biens, mais entre monnaie/actifs financiers et capital productif (voir figure 9.8).

L'inflation peut toutefois résulter également d'un autre mécanisme, à savoir un manque de capacité de production pour répondre au redéploiement de la demande, notamment en matière de santé. Tout dépend du degré d'ouverture de chaque économie nationale car, compte tenu des surcapacités en Chine dans beaucoup de secteurs, les risques de flambée des prix industriels dans les pays importateurs de produits chinois restaient limités. Parallèlement, on pourrait imaginer qu'une guerre des monnaies conduise dans les pays émergents à de fortes dévaluations par rapport au dollar, d'où un risque d'inflation importée. Cependant, ces pays sont généralement endettés en monnaie internationale et frappés par un important chômage, de sorte qu'un regain durable de l'inflation y est peu probable. Dans un scénario de dislocation de l'économie internationale (voir chapitre 7), la généralisation du protectionnisme peut certes renchérir les coûts nationaux, mais cela risque de se traduire par une tension dans le partage des revenus plus que par de l'inflation.

À nouveau prévaut donc une forte incertitude, car le basculement vers la déflation de long terme est aussi une possibilité, comme le montre le cas du Japon. L'augmentation continue de la dette publique n'est en tout cas pas un facteur d'inflation, car elle vise à enrayer une déflation récurrente qui tient à un excès d'épargne sur l'investissement, dans un contexte de sous-emploi marqué. De même, compte tenu du caractère idiosyncratique du processus de sortie de chaque confinement, il se peut que l'on observe à partir de 2020 des trajectoires fort différentes entre les États-Unis et l'Europe, ou entre la France et l'Allemagne, ou encore entre le Japon et la Corée – sans même mentionner la Chine, seul pays qui pouvait conserver l'espoir d'une croissance positive. La différenciation des modes de régulation, observée depuis les années 2000, a du coup toutes les chances de se prolonger après la crise du coronavirus.

Vers une crise des finances publiques ? L'avenir n'est pas écrit

Il en est de même pour la question de la soutenabilité des dettes publiques postcoronavirus. L'histoire mondiale des finances publiques montre que quatre stratégies ont permis de sortir des phases de surendettement (figure 9.9).

La première est le défaut total ou partiel, *via* une restructuration de la dette. Cette solution n'appartient pas au passé, puisque l'Argentine donne l'exemple de défauts périodiques et que la crise grecque a montré que ce danger était présent au sein de l'Union européenne. C'est le destin que redoutent les tenants de l'orthodoxie budgétaire pour les plus faibles des économies européennes.

La deuxième stratégie repose sur une vigoureuse reprise de la croissance qui crée la base fiscale permettant de payer les charges d'intérêts et même de réduire progressivement l'endettement public rapporté au PIB. C'est ce qui est intervenu après la Seconde Guerre mondiale, quand la conversion de l'industrie de guerre en production et consommation de masse a relâché la contrainte budgétaire, en élargissant rapidement la base fiscale. Cette option apparaît toutefois problématique face à une stagnation séculaire détectée par les économistes keynésiens et schumpétériens.

Il faut se souvenir de la proposition de Keynes, d'une euthanasie des rentiers par une accélération de l'inflation qui ne se répercute pas sur les taux d'intérêt nominaux de sorte qu'un taux d'intérêt négatif transfère le revenu des créditeurs aux débiteurs, ce qui favorise le dynamisme du capital productif et de la croissance. Juste après la Seconde Guerre mondiale, cette troisième stratégie a été associée à la deuxième, celle du retour de la croissance. Elle avait été rendue possible par la perte de pouvoir du capital financier, jugé responsable de l'instabilité financière puis de la grande crise de 1929. On peut douter que ce soit encore le cas à l'époque d'une accumulation tirée par l'innovation financière. Un retour de l'inflation dans un contexte de plein-emploi ne manquerait pas de se répercuter sur les taux d'intérêt nominaux.

La quatrième stratégie a déjà été expérimentée dans l'Union européenne après la crise des dettes publiques de 2011. Sous l'influence du dogme de l'équilibre des finances publiques comme condition de sortie de crise, ont été décidées des politiques d'austérité caractérisées par l'augmentation de la fiscalité et la maîtrise des finances publiques. Elles ont produit l'inverse de ce qui était attendu, puisque la croissance en a été pénalisée, un chômage élevé s'est maintenu et les tensions sociales se sont accentuées ; et finalement, le financement des services publics a servi de variable d'ajustement. Il se peut que la leçon ait porté car, en 2020, les gouvernements européens, au premier rang desquels celui de l'Allemagne, ont accepté de vigoureuses interventions publiques et une longue période d'ajustement pour ne pas tuer prématurément une reprise économique qui s'annonçait difficile dans un contexte mondial défavorable.

Ainsi, ces quatre mécanismes décrivent autant de sorties de crise et de scénarios que les gouvernements auront à explorer. L'adoption de l'une ou l'autre de ces stratégies est ouverte sur des choix politiques et elle est conditionnée par l'évolution de la pandémie. Si elle est rapidement surmontée et si la médecine trouve les moyens d'en éviter la répétition, un retour à une croissance, même modérée, pourrait calmer les inquiétudes de non-remboursement de la dette. Enfin, il est une source d'optimisme dont l'origine est paradoxale : le complet relâchement de la création monétaire a pour contrepartie de maintenir des taux d'intérêt extrêmement bas, si ce n'est légèrement négatifs dans certains pays. Nombre d'experts considèrent que la situation est durable car les précédentes tentatives de redressement des taux d'intérêt par les banques centrales ont immédiatement fait surgir le spectre d'une crise financière majeure. En conséquence, le paiement des intérêts de la dette souscrite à un horizon de plusieurs décennies est durablement stabilisé, ce qui garantit une soutenabilité des finances publiques. En quelque sorte, deux violations de l'orthodoxie économique – refinancement monétaire de la dette publique et acceptation d'un déficit structurel sur moyenne période – stabilisent des économies qui explorent ainsi une *terra incognita* pour la théorie économique standard. À vrai dire, personne à ce jour ne sait comment se terminera cette aventure. Il faut en attendre des surprises aussi considérables que fut l'irruption du coronavirus.

Les chances des divers régimes émergents : un pronostic

On ne saurait négliger la part de contingence qui intervient dans la sortie des grandes crises. On s'en souvient, celle de 1929 ne fut totalement surmontée qu'à l'issue des transformations multiples consécutives à la Seconde Guerre mondiale puis la période de reconstruction et de modernisation des économies. Néanmoins, l'analyse rétrospective des grandes crises passées suggère que trois facteurs au moins interviennent pour cerner la plus ou moins grande probabilité de sortie de crise grâce à l'épanouissement de nouvelles configurations du capitalisme (tableau 9.3).

En premier lieu, la crise peut faire ressortir l'absence de l'une des composantes du mode de développement en voie d'émergence. C'est la force du mode de développement anthropogénétique, car il répond à cet impératif : silencieusement, les dépenses de production de l'humain par le travail de l'homme occupaient une part croissante dans les activités, mais elles étaient perçues comme des coûts entravant l'innovation industrielle privée. Une incertitude cependant hypothèque ce scénario : la primauté reconnue au vivant est-elle une réaction dans l'urgence qui va s'estomper une fois la pandémie vaincue, ou est-ce l'amorce d'une nouvelle époque dans l'histoire des sociétés ? Les demandes des citoyens défendront-elles durablement cette économie du bien-être et du bien vivre, qui ne serait plus nécessairement centrée sur l'accumulation de biens de consommation ?

En deuxième lieu, la crise du coronavirus a-t-elle provoqué de telles destructions que l'on puisse considérer que les sociétés ont à repartir de zéro ? En quelque sorte une *tabula rasa* à partir de laquelle pourraient prospérer tous les projets de transformation qui n'avaient pas trouvé place dans des régimes transformés, si ce n'est dominés, par la financiarisation. Prise en compte de l'anthropocène dans un mode de développement combinant respect de l'écologie et promotion de droits sociaux ? Restauration des bases d'une société démocratique grâce à une lutte pour l'égalité dans tous les domaines (économique, politique, culturel, sanitaire) ? Mise en œuvre d'une économie sociale et solidaire comme alternative aux destructions et instabilité du capitalisme ? Le pronostic est que ces utopies généreuses se heurtent à un renforcement sans précédent de la concentration du pouvoir économique dans un capitalisme transnational de plateformes qui promeut et permet une société de surveillance. Son essor marque la décennie 2010 et la pandémie a encore renforcé son empreinte dans les sociétés avancées. Forme la plus marquée de l'essor des forces productives, ce scénario est en tout point conforme à une anticipation de Karl Marx à propos de la capacité du capitalisme de traverser les frontières nationales et de créer un monde intégré dominé par la logique du profit. Aujourd'hui, il n'est plus essentiellement composé de machines mais d'un capital immatériel dont la valorisation est au cœur des Bourses et des marchés financiers. C'est d'ailleurs le talon d'Achille de ce nouveau régime : précipiter la récurrence de crises financières puis économiques de plus en plus sévères.

Enfin, il ressort des présentes analyses que la concentration du pouvoir économique se transforme en pouvoir politique de faire advenir des institutions et des organisations porteuses d'un mode de développement qui consolide la domination d'un bloc hégémonique, y compris dans le domaine des idéologies. Les années 2010 ont ainsi vu apparaître une opposition au capitalisme transnational sous la forme d'un capitalisme étatique qui s'allie avec les forces nationales pour promouvoir une souveraineté économique, condition nécessaire à l'exercice d'une souveraineté politique. La Chine est sans doute l'exemple le plus achevé de cette configuration dans laquelle la dynamique économique impulsée par la concurrence est mise au service d'un objectif politique. Au-delà des tensions sociales internes et des déséquilibres économiques, ce mode de développement est conçu comme une alternative au feu consensus de Washington. Les autres pays qui n'ont pas la puissance de la Chine développent une autre forme de capitalisme d'État en tant que tentative de s'affranchir des exigences du capitalisme transnational qui continue à dynamiser les relations économiques internationales. Il se peut donc que ces deux modèles coexistent durablement avec le précédent. Cependant, tout dépend du devenir des relations internationales : dislocation (voir chapitre 7) ou bricolage permettant de prolonger un minimum d'ouverture internationale de régimes économiques nationaux hétérogènes. La résilience des divers régimes socioéconomiques peut en être bouleversée.

Le fonctionnement d'une économie au sein d'un régime stabilisé peut donner l'impression d'ajustements quasi automatiques, en quelque sorte cybernétiques, lorsque le mécanisme des prix livre des régularités macroéconomiques qui facilitent la décision des acteurs, que les théoriciens pensent capturer dans des modèles simples et agrégés. À cet égard, l'arrêt des économies pour lutter contre le coronavirus livre une expérience de laboratoire peu courante dans l'histoire longue, car il a fait ressortir une à une toutes les conditions permissives d'un fonctionnement sans heurts de l'économie : possibilité d'anticipations correctes, confiance en la stabilité de l'ordre institutionnel, impression de stabilité structurelle et de résilience de l'économie. *A contrario*, la sortie du confinement a permis d'analyser en temps réel tous les processus, d'essais et d'erreurs, à travers lesquels s'organise une coordination efficace entre une myriade d'entreprises, de salariés, de consommateurs opérant dans des secteurs et des espaces géographiques différents.

Il était espéré que, lors de la reprise économique, l'incertitude radicale due à la nouveauté du coronavirus et au caractère sans précédent de l'arrêt des économies se transformerait en un simple risque. Tel n'est apparemment pas le cas, car les déséquilibres créés entre capacités de production et demandes sectorielles se traduisent par une extrême hétérogénéité des évolutions, ce qui rend problématique la recomposition des chaînes de valeur et le retour d'une demande qui ne peut retrouver le niveau précoronavirus, puisque continuent à prévaloir des mesures de distanciation physique. Et l'un des périls de cette période tient au possible retour d'une nouvelle vague de la pandémie qui relancerait de difficiles arbitrages entre activité économique et santé publique.

C'est dans ce contexte que l'on peut apprécier les chances comparées des trois principaux régimes susceptibles de sortir renforcés de la pandémie. Le mode de développement anthropogénétique aurait d'autant plus de soutiens que les gouvernements prendraient sérieusement en compte le retour possible et fréquent des pandémies et qu'ils entendraient lutter contre les inégalités, dont le coronavirus a accéléré le développement. Si l'économie mondiale résiste à la dislocation qu'implique la diffusion du virus nationaliste, le capitalisme transnational de l'information peut s'imposer dans toutes les économies où des États faibles n'ont pas les moyens de s'y opposer. À la lumière des évolutions des deux premières décennies du XXIe siècle, ce serait plutôt le capitalisme à forte impulsion étatique qui aurait le vent en poupe en réponse aux mouvements puis aux gouvernements « populistes ».

Ainsi, dans deux cas sur trois, le coronavirus aurait accéléré des transformations structurelles déjà présentes au cours des années 2010. Il n'est pas de *tabula rasa* qui permettrait la création *ex nihilo* d'un mode de développement idéal. À chacun de ces trois avenirs, doivent correspondre des alliances politiques et des compromis institutionnalisés différents.

Souhaitons que cet épisode dramatique favorise un nouveau cours de la discipline économique : fille de l'histoire car construite sur les avancées conceptuelles successives au fil des grandes crises, modeste car enchâssée dans la société et le politique.

Conclusion

L'avenir reste ouvert

> « L'homme connaît le monde en le transformant et le transforme en le connaissant. »
>
> Karl Marx (cité par Henri Lefebvre, *Le Matérialisme dialectique*, PUF, Paris, 1940).

De ce cheminement intellectuel et de la mobilisation de diverses approches et outils des sciences sociales et de la théorie de la régulation, il est temps de tirer quelques enseignements généraux puis de tenter de surmonter l'imprévisibilité propre à la situation ouverte par la covid-19 grâce à un exercice d'économie politique-fiction.

La pandémie, analyseur et accélérateur des transformations des capitalismes

Finalement, la covid-19 apparaît comme un « fait social total » au sens de Marcel Mauss. Dans son *Essai sur le don*, il le définit ainsi : « Il met en branle dans certains cas la totalité de la société et de ses institutions [...] et dans d'autres cas seulement un très grand nombre d'institutions. »

Une mondialisation sans gouvernance : une brutale prise de conscience

Au cours des dernières décennies, de nombreux événements avaient marqué l'entrée dans une nouvelle époque d'interdépendances à l'échelle internationale. Une succession de crises financières qui se propagent dans le monde entier (1997 en Asie, éclatement de la bulle Internet en 2000, grande crise américaine de 2008) fragilise nombre de pays qui ont de plus en plus de difficultés pour stabiliser leur économie. L'inégal développement et les conflits alimentent une croissance des flux migratoires, ce qui témoigne d'une autre forme d'interdépendance et qui suscite l'émergence de mouvements xénophobes et nationalistes. Les risques associés au réchauffement climatique sont soulignés par les experts du climat et commencent à susciter une prise de conscience, tout particulièrement de la jeunesse.

La pandémie marque une étape décisive dans ce mouvement. La rapidité de la diffusion de la covid-19, la généralisation des mesures de confinement et la coopération des chercheurs pour décrypter ce nouveau virus font prendre conscience aux citoyens de tous les pays qu'il s'agit d'un péril par nature mondial. Jamais n'avait été aussi intense la perception d'un destin commun, au point de rendre enfin plus audible les discours sur la nécessité de lutter aussi contre le changement climatique et de préserver la diversité des espèces.

Hélas, autant le FMI est bien armé pour répondre à l'urgence des crises financières et dispose de nombreux moyens d'intervention, autant l'OMS n'est pas son équivalent en matière de lutte contre les pandémies : elle se limite à centraliser les données transmises par les États et à donner des conseils sur les bonnes pratiques aux responsables nationaux. Plus fondamentalement, cette faiblesse de l'OMS s'inscrit dans un lent délitement des institutions internationales, accentué depuis 2017 par la politique américaine de retrait ou de blocage du multilatéralisme.

Ce blocage des coordinations internationales alimente à son tour les stratégies de chacun pour soi et de repliement sur l'espace national, lieu d'expression de la souveraineté. Ainsi les sociétés sont-elles désormais traversées par une opposition entre les défenseurs de l'identité et l'intérêt national et les tenants d'une internationalisation jugée inéluctable, car source de modernisation. La covid-19 a donné aux premiers une raison de refermer pour un temps les frontières afin de prévenir sa diffusion. Elle a été un révélateur plus qu'une cause de ce repli.

Maîtriser l'aléa par la finance : la fin d'une l'illusion

La libéralisation des systèmes financiers a suscité l'invention puis la commercialisation d'instruments complexes assurant un meilleur arbitrage entre rendement et risque, grâce aux avancées des mathématiques financières. La confiance en la scientificité de ces instruments a déclenché une intense spéculation qui déboucha sur la crise de 2008. Cet espoir d'une maîtrise du risque se trouve alors dramatiquement démenti et les financiers ne survivent que grâce au rachat de leurs produits toxiques et l'acceptation de réglementations limitant leur autonomie.

La pandémie donne un autre impressionnant démenti à l'hypothèse d'efficience informationnelle des marchés financiers, car il appartient aux autorités publiques de produire les annonces pertinentes pour que puisse ensuite opérer l'évaluation privée. Le maintien de taux d'intérêt quasiment nuls et un abondant refinancement de l'économie par les banques centrales permettent le redressement des cours boursiers, alors que menace le chômage de masse. Cette mise en évidence de la déconnexion entre optimisme de la finance, marasme de l'économie et péril sanitaire, est un effet de la covid-19, en tant qu'analyseur des économies contemporaines.

Apprendre des crises ou improviser dans l'urgence ?

Si la diffusion du virus est mondiale, l'intensité de la menace qu'il représente et les politiques sanitaires varient considérablement selon les sociétés. À l'issue de l'épidémie du SARS, les pays voisins de la Chine ont pris des dispositions pour éviter que le prochain virus soit aussi dangereux. Ils ont centralisé les informations et moyens d'action dans un centre chargé de la gestion des épidémies. Ces dispositifs sont rapidement mobilisés à l'annonce de la covid-19 : sa diffusion est limitée et l'activité économique peut suivre son cours.

D'autres gouvernements ont considéré en revanche que les épidémies frappaient surtout des pays lointains et qu'en tout état de cause, la qualité de leur système de santé leur permettrait de faire face. Ou encore qu'il était trop coûteux de stocker les moyens de lutte contre des épidémies, au demeurant bénignes pour la plupart. La covid-19 n'est pas immédiatement reconnue comme une menace grave, les décisions tardent et masques, respirateurs et médicaments manquent. La menace d'une explosion de la mortalité conduit à utiliser la mesure la plus lourde, un sévère confinement qui paralyse toutes les activités non essentielles. Les coûts humains, économiques, sociaux et finalement politiques sont considérables.

Quelle est l'arme la plus efficace contre les aléas, dont les pandémies ? Non pas quelques produits financiers sophistiqués, mais plutôt à la lumière de l'expérience, l'anticipation et la préparation grâce à la mobilisation d'un certain nombre de moyens, qui peuvent demeurer inutilisés, mais dont le stockage peut éviter une catastrophe majeure, dont le coût est sans commune mesure par rapport aux dépenses de prévention.

La science et le politique : une clarification

La covid-19 renouvelle la question des relations que le décideur politique entretient avec les scientifiques. Depuis l'émergence de l'analyse économique et la macroéconomie, l'un des premiers conseillers du prince est l'économiste, auréolé d'un degré de scientificité proche de celui des sciences de la nature. Mais l'éclatement de la crise financière de 2008 a fait douter la reine d'Angleterre de la pertinence du savoir des économistes : ainsi chacun avait fait au mieux et pourtant un événement aussi massif n'avait pas été anticipé. La réponse fut assez embarrassée.

Or, en mars 2020, la crise sanitaire est première, de sorte que la prévision économique doit s'appuyer sur le savoir des épidémiologistes, des biologistes spécialistes des virus et des médecins hospitaliers. Comme les gouvernements ont besoin de prévoir, ce sont les modélisateurs des épidémies qui en viennent à occuper le devant de la scène. Très vite un modèle particulier, celui de l'Imperial College de Londres, devient la référence, fait des émules et ses résultats informent la décision de confinement. Elle est présentée par le gouvernement français comme la mise en œuvre des résultats d'une analyse scientifique.

De l'énorme littérature née de la multiplication de ces modèles, ressort leur extrême fragilité : manque des informations nécessaires pour calibrer leurs équations, inadéquation des hypothèses qui ne tiennent pas compte de l'hétérogénéité des réseaux à travers lesquels circule le virus, enfin et surtout extrême imprécision des prévisions. La critique la plus dévastatrice est d'ailleurs venue de l'un de ces scientifiques, Alessandro Vespignani. Dans l'urgence, les chercheurs ont modifié à la marge des modèles représentatifs des précédentes épidémies, mais ils ne disposeront de meilleurs modèles qu'une fois le virus vaincu et toutes les données disponibles. Il ne faut pas confondre la science achevée des manuels et la recherche en train de se faire.

Finalement, les économistes ne sont pas les seuls à souffrir de l'inadéquation de leurs modèles et de ne disposer qu'*ex post* d'explications un peu mieux fondées. En quelque sorte, ces modèles, même faux, ont permis de lever l'indécision des politiques, paralysés par l'incertitude radicale. C'est encore un autre apport de la covid-19.

Finance, économie et santé : une inversion des hiérarchies et des temporalités ?

Depuis l'établissement de régimes socioéconomiques dominés par la finance aux États-Unis et au Royaume-Uni et leur impact sur les autres régimes, le pilotage des économies repose sur une hiérarchie particulière : le système financier évalue les firmes, puis les gouvernements ont à décider de politiques favorisant le dynamisme des firmes (donc leur cours boursier) et finalement les dépenses publiques ont à s'ajuster à ces priorités. Dans cette séquence, le système public de santé sert souvent de variable d'ajustement. La covid-19 a révélé son impréparation, mais la capacité d'adaptation des soignants a dû être reconnue par les responsables politiques au point de susciter la proposition d'une révision de leur rémunération et de leurs équipements. De son côté, la Bourse est restée mue par la probabilité d'une sortie de la crise sanitaire : elle montait à l'annonce d'un futur vaccin, elle baissait si pointait le risque d'une nouvelle vague de la pandémie.

Ce renversement de la hiérarchie est remarquable : les progrès dans la lutte contre le virus informent les perspectives d'une reprise économique et à son tour la finance actualise ses évaluations. Est-il transitoire ou annonce-t-il la reconnaissance du mode de développement original qui ferait de l'éducation, la santé et la culture l'axe directeur de sociétés, et où la production de biens standard aurait pour finalité de financer ces trois activités ? Ce serait certes conforme à une tendance séculaire à leur croissance relative, cela répondrait aux demandes des producteurs de ces services et aux attentes des citoyens lassés de la relance permanente de la consommation de biens frappés d'obsolescence. Mais n'est-ce pas une utopie alors que s'annonçaient de redoutables arbitrages entre lutte contre le chômage, soutien aux entreprises et verdissement de l'économie, dans un contexte de quasi-stagnation ?

Capitalisme transnational de l'information et capitalismes étatiques sont renforcés par la pandémie

La décennie 2010 avait enregistré l'émergence de deux tendances imbriquées tels le Yin et le Yang. Les grandes compagnies nord-américaines de l'information, les GAFAM, ont fini par trouver des modèles organisationnels et des stratégies qui mobilisent les rendements d'échelle ouverts par le développement des applications exploitant les techniques de l'information et de la communication. Il leur est facile d'étendre leur marché à celles des économies qui n'ont pas su développer des concurrents, c'est-à-dire la plupart des pays sauf la Chine qui a fait émerger sur son territoire de redoutables grandes entreprises de l'information et de la surveillance.

Cette offensive des multinationales a pour contrepartie de désarticuler les systèmes productifs nationaux et de polariser les sociétés selon une ligne de fracture entre les groupes sociaux et les professions qui prospèrent dans la mise en concurrence des territoires et les autres, les perdants dont le niveau de vie stagne, voire baisse. Tel est le terreau dont se nourrissent les mouvements qui défendent l'identité nationale et demandent à l'État d'être le bouclier qui les protège du grand vent de la concurrence internationale qu'ils n'ont pas les moyens d'affronter.

Paradoxalement, la pandémie conforte ces deux types de capitalisme. Le capitalisme transnational de l'information a de longue date maîtrisé le e-commerce, le télétravail et il a construit dans le e-commerce une logistique rodée. La distanciation physique est au cœur de son modèle productif et les mesures de confinement lui permettent de conquérir rapidement des clients, de développer de nouvelles applications pour la médecine, l'enseignement à distance, la gestion des réunions de travail. Les financiers voient dans l'information et la recherche médicale les rares secteurs à sortir renforcés de la pandémie.

Les gouvernements populistes gagnent du terrain dans le champ idéologique puisque la menace d'un virus venu d'ailleurs justifie un contrôle des frontières, la défense de la souveraineté nationale et le renforcement de l'État dans la sphère économique. Le capitalisme étatique ne prétend pas concurrencer économiquement le capitalisme transnational, mais simplement affirmer une souveraineté économique, fût-elle acquise au détriment du niveau de vie. Les gouvernements peuvent se tourner vers la Chine pour contenir les GAFAM de sorte qu'est possible un nouveau partage de l'espace mondial entre deux sphères d'influence, sans impliquer nécessairement la victoire de l'un d'entre eux.

Réencastrer l'économie dans les sociétés et l'environnement : quelles alliances politiques ?

Plus auront duré les mesures de distanciation physique, plus il sera problématique de retrouver la normalité pour l'économie : en dépit d'aides massives, les faillites vont réduire capacité de production et emploi, paupériser les plus défavorisés, les jeunes vont difficilement s'intégrer dans la vie active et risquent d'en être durablement pénalisés, sans oublier que la chute de l'investissement hypothèque la croissance future. L'asymétrie entre arrêt de l'économie et sa réouverture est un facteur majeur d'irréversibilité.

En conséquence, une reprise économique suppose que soient restaurées les conditions d'une économie de marché : retour de la confiance, remise en cohérence de l'école, de l'entreprise, des transports et des services publics, synchronisation des temps sociaux, prévisibilité de la demande et des politiques publiques. Cela suppose des formes de coordination que le marché ne peut assurer et une adéquation à l'hétérogénéité des situations locales et sectorielles qui dépasse les capacités d'un État central, affaibli par la délégation au secteur privé et au marché de certaines de ses prérogatives, telle la socialisation des vues sur l'avenir par l'intermédiaire de l'investissement public.

Dans ce climat morose, les conflits sociaux, non surmontés dans le passé récent, risquent de resurgir d'autant plus que les emplois détruits risquent d'être plus nombreux que ceux créés dans les secteurs d'avenir. Dans le capitalisme, un régime socioéconomique n'est viable que s'il repose sur un compromis fondateur qui organise l'architecture des formes institutionnelles, pilote l'accumulation et canalise le conflit capital/travail. La polarisation des sociétés rend l'exercice extrêmement difficile, mais il serait illusoire de penser que des mesures techniques, aussi innovantes soient-elles, puissent remplacer le rôle du politique dans la construction de nouveaux compromis.

Un exercice d'économie politique-fiction

Puisqu'il serait vain de rechercher dans un déterminisme d'ordre technologique ou économique une prévision, pourquoi ne pas imaginer comment les forces qui travaillent les sociétés postcovid-19 pourraient aboutir à des configurations dotées d'une certaine cohérence ?

Un premier avenir pourrait résulter d'une alliance entre les techniques numériques avec des avancées de la biologie pour aboutir à une société de surveillance généralisée qui institue et rend possible une polarisation opposant un petit nombre de riches et une masse de sujets rendus impuissants par l'abandon de l'idéal démocratique (voir figure conclusion 1).

Le second avenir pourrait résulter de l'effondrement d'une telle société. La dislocation des relations internationales et l'échec de la mise en œuvre d'un déterminisme biologique montrent la nécessité d'un État social qui devient le tuteur d'une démocratie étendue à l'économie. Le succès des expériences nationales rend à nouveau possible à terme la construction d'un régime international centré sur les biens publics mondiaux et les communs sans lesquels ne peuvent prospérer les régimes nationaux (voir figure conclusion 2).

L'histoire se chargera d'invalider, ou non, ces deux visions et de surprendre comme le fit la covid-19.

Bibliographie

Aglietta Michel et Rebérioux Antoine (2004), *Les Dérives de la finance*, Albin Michel, Paris.

Akihiko M. (2006), *Shrinking Population Economics*, I-House Press, Tokyo.

Algan Yann et Cahuc Pierre (2008), *La Société de défiance. Comment le modèle social s'autodétruit*, Éditions Ulm/CEPREMAP, Paris.

Alternatives économiques (2020), « Spécial Covid-19 », avril.

Amable Bruno (2017), *Structural Crisis and Institutional Change in Modern Capitalism. French Capitalism in Transition*, Oxford University Press, Oxford.

Amable Bruno et Palombarini Stefano (2018), *L'Illusion du bloc bourgeois. Alliances sociales et avenir du modèle français*, Raison d'agir, Paris.

Artus Patrick (2020), « Coronavirus : changer de modèle économique ? Pas si vite », *Les Échos*, 5 mai.

Attali Jacques (1983), *Histoire du temps*, Le Livre de poche, Paris.

Audureau William et Vaudano Maxime (2020), « Coronavirus : du premier cas détecté de Covid-19 au début du déconfinement, la chronologie d'une crise mondiale », *Le Monde*, 12 mai.

Auray Stéphane et Eyquem Aurélien (2020), « Les effets macroéconomiques du confinement : quels enseignements d'un modèle à agents hétérogènes ? », *Blog OFCE*, 30 avril, <frama. link/e5UgYd4j>.

Baker Scott R., Bloom Nicholas, Davis Steven J., Kost Kyle, Sammon Marco, Viratyosin Tasaneeya (2020), « The unprecedented stock market reaction to Covid-19 », Center for Economic Policy Research, *CEPR Press*.

Baldwin Richard et Weber di Mauro Beatrice (2020), *Mitigating the COVID Economic Crisis. Act Fast and Do Whatever it Takes*, *CEPR Press*, avril.

Banque de France (2020), « Projections macroéconomiques, France », juin, <frama. link/4eJ9e4PJ>.

Baumstark L., Carrère M.-O., Rochaix L. (2008), « Mesures de la valeur de la vie humaine. Usages et enjeux comparés dans les secteurs de la santé et des transports », *Les Tribunes de la santé*, vol. 21, n° 4.

BELL Clive et LEWIS Maureen (2004), *The Economic Implications of Epidemics Old and New*, Center for Global Development, Washington, DC, septembre.

BÉNASSY Jean-Pascal (1984), *Macroéconomie et théorie du déséquilibre*, Dunod, Paris.

BERTI Nicolo (2020), « Il coronavirus ha cambiato l'idea che gli italiani hanno dell'Europa », *Youtrend*, 28 avril, <frama. link/5t-jUPdU>.

BIT (2020), « Covid-19 pandemie : Analyzing labour market implication of thc health crisis », BIT, Genève.

BLANCHARD Olivier (2019), « Public debt and low interest rates », *American Economic Review*, vol. 109, n° 4, p. 1197-1229.

BLANCHARD Olivier, PHILIPPON Thomas et PISANI-FERRY Jean (2020), « Une nouvelle boîte à outils politique est nécessaire à mesure que les pays quittent les blocages COVID-19 », *Peterson Institute for International Economics*, juin, <frama. link/LCdWBps6>.

BOSKIN Michael (2020), « Are large deficits and debt dangerous ? », *AEA Papers and Proceedings 2020*, vol. 110, p. 145-148, <frama.link/76c-wb0G>.

BLOT Christophe et HUBERT Paul (2020), « La baisse des Bourses risque-elle d'amplifier la crise ? », *Blog OFCE*, 30 avril, <frama.link/V7qAuuL5>.

BOURDIEU Pierre et PASSERON Jean-Claude (1970), *La Reproduction. Éléments d'une théorie du système d'enseignement*, Minuit, Paris.

BOURNE R. (2019), « Is this time different ? Schumpeter, the Tech Giants, and monopoly fatalism », *Cato Institute Policy Analysis*, juin.

BOYER Robert (2002), *La Croissance, début du siècle. De l'octet au gène*, Albin Michel, Paris.

– (2011), *Les Financiers détruiront-ils le capitalisme* ?, Economica, Paris.

– (2013), « Les crises financières comme conflit de temporalités », *Vingtième Siècle. Revue d'Histoire*, n° 117, p. 69-88, janvier-mars.

– (2014), « The welfare-innovation institutional complementarity : making sense of Scandinavian history », *in* Susana BORRAS et Leonard SEEBROOKE (dir.), *Sources of National Institutional Competitiveness. Sense-making and institutional change*, Oxford University Press, Oxford, p. 129-147.

– (2015), *Économie politique des capitalismes. Théorie de la régulation et des crises*, La Découverte, Paris.

– (2016), « Brexit : the day of reckoning for the neo-functionalist paradigm of European Union », *Socio-Economic Review*, vol. 14, n° 4, p. 836-845.

– (2019a), « The French state capitalism in comparative and historical perspective », prepared for the *Handbook State Capitalism*, OUP.

– (2019b), « Platform capitalism in the light of history and economic theory », soumis pour publication *Socio-Economic Review*.

– (2020), « Le coronavirus, analyseur de l'économie et de la société états-unienne », Institut des Amériques, avril, <frama. link/JCDD7RoH>.

Boyer Robert, Uemura Hiroyasu, Yamada Toshio et Song Lei (dir.) (2018), *Evolving Diversity and Interdependence of Capitalisms*, Springer, Tokyo.

Bronk Richard et Jacoby Wade (2020), « The epistemics of populism and the politics of uncertainty », *LSE Europe in Question, Discussion Paper Series, LEQS paper* n° 152, février.

Brunsden Jim et Fleming Sam (2020), « How would Ursula von der Leyen's coronavirus recovery fund work ? », *Financial Times*, 27 mai.

Cagé Julia (2019), *Le Prix de la démocratie*, Fayard, Paris.

Caillé Alain (2020), *Second Manifeste convivialiste*, Actes Sud, Arles.

Carlin Wendy (2020), « Covid-19 is resetting the way we talk about the economy. The twin crises of climate change and the pandemic provide an opportunity to transform thinking », *Financial Times*, 25 avril.

Carney Mark (2016), « Resolving the climate paradox », *Arthur Burns Memorial Lecture*, Berlin, 22 septembre.

Carrol Dennis (2020), « L'épidémie actuelle était prévisible », *Nautilus*, 12 mars (repris dans *Courrier international*, n° 1535, 2-8 avril, p. 41-43).

CEPR (2020), « Covid economics », *Vetted and Real Time Papers*, vol. 1, *CEPR Press*, Londres, 3 avril.

Céreq (2011), « 2007-2010. Premiers pas dans la vie active. Le diplôme : un atout gagnant pour les jeunes face à la crise », *Génération 2007*, premiers résultats.

Changy (de) Florence (2020), « En traitant plus tôt, Hong Kong a évité le pire », *Le Monde*, 8 mai.

Chemain Régis (2020), « L'euro à l'épreuve du coronavirus », *YouTube*, 26 mars, <frama. link/xFnwedNd>.

Cherukupalli Rajeev et Frieden Tom (2020), « Seul sauver des vies sauvera des moyens de subsistance. La bonne façon de comprendre l'économie pandémique », *Foreign Affairs*, 13 mai.

Cheurfa Madani, Chanvril Flora (2020), « 2009-2019 : la crise de la confiance politique », Cevipof/Sciences Po, Paris.

Colonomos Ariel (2020), *Un prix à la vie. Le défi politique de la juste mesure*, PUF, Paris.

Conseil d'analyse économique (2019), *Territoires, bien-être et politiques publiques*, Paris.

Cookson Clive (2020), « Coronavirus numbers. What we have learnt from the pandemic. Scientists understand much more about Covid-19 than they did but big gaps in knowledge persist », *Financial Times*, 10 juin.

Corrado Carol, Martin David et Wu Qianfan (2020), « Innovation α : what do IP-intensive stock price indexes tell us about innovation ? », *AEA Papers and Proceedings 2020*, vol. 110, p. 31-35.

Covile Robert (2020), « Capitalism is not to blame, it's our escape route out of this mess. We have clearly optimized the economy for efficiency rather than resilience », *Financial Times*, 1er mai.

Crémieux Anne-Claude (2009), *Gouverner l'imprévisible. Pandémie grippale, SRAS, crises sanitaires*, Lavoisier, Paris.

Deaton Angus (2020), « We may not all be equal in the eyes of coronavirus », *Financial Times*, 5 avril.

Esping-Andersen Gosta (2008), « Childhood investments and skill formation publics », *International tax and Public Finance*, vol. 15, p. 14-49.

European Commission (2020), « Communication from the Commission to the European Parliament », Bruxelles, 27 mai.

Ferguson Neil (2020), « Top UK adviser says mass tests key to ease lockdown publics », *Financial Times*, 4 avril.

Ferrer-Bartomeu Jérémie (2020), « Cette attestation de déplacement datée de 1720 va vous surprendre », *Ça m'intéresse*, 27 avril.

Figueres Christiana et Zycher Benjamin (2020), « Can we tackle both climate change and Covid-19 recovery ? », *Financial Times*, 7 mai.

Financial Times (2020), « Coronavirus tracked : has the epidemic peaked near you ? », <frama. link/fRK0LGQZ>.

Fontvieille Louis et Michel Sandrine (2002), « Analysis of the transition between two successive social orders. Application to the relation between education and growth », *Review*, Fernand Braudel Centre, New York, vol. 25, n° 1, p. 23-46.

Foucault Michel (2004), *Naissance de la biopolitique. Cours au Collège de France 1978-1979*, Gallimard, Paris.

Garin Andrew, Jackson Emilie, Koustas Dmitri K. et McPherson Carl (2020), « Is new platform work different from other freelancing ? », *AEA Papers and Proceedings 2020*, vol. 110, p. 157-161.

Glanz James et Robertson Campbell (2020), « Lockdown delays cost at least 36,000 lives, data show », *New York Times*, 20 mai.

Gollier Christian (2011), « Le calcul du risque dans les investissements publics », *Rapport du Centre d'analyse stratégique*, n° 36, 2011.

Haldane Andry (2020), « Reweaving the social fabric after the crisis. The lesson is to better recognise all the paid and unpaid contributions citizens make », *Financial Times*, 24 avril.

Hall Peter A. et Soskice David (2001), *Varieties of Capitalism. The Institutional Foundations of Comparative Advantage*, Oxford University Press, Oxford.

Harari Yuval Noah (2020), « The world after coronavirus. This storm will pass. But the choices we make now could change our lives for years to come », *Financial Times*, 20 mars.

Hayek (von) Frederik (1973), *Droit, législation et liberté*, tome 2, partie « Le mirage de la justice sociale », traduction française PUF, Paris, 2003.

Heyer Éric (2020), « Une croissance de – 8 % est-elle encore possible ? », *OFCE blog*, 5 mai, <frama. link/_P9Ns3kj>.

HEYER Éric et TIMBEAU Xavier (2020), « Évaluation de l'impact économique de la pandémie de Covid-19 et des mesures de confinement sur l'économie mondiale en avril 2020 », *Policy brief*, n° 69, 5 juin.

HOERTEL Nicolas *et al.* (2020), « Lockdown exit strategies and risk of a second epidemic peak : a stochastic agent-based model of SARS-CoV-2 epidemic in France », preprint *Medrxiv*, 5 mai, <frama. link/jnyFFGbc>.

HOUELLEBECQ Michel (2020), « Réponses à quelques amis », France Inter, 4 mai.

ILO (2020), « COVID-19 and the world of work. Fourth edition », Genève, 27 mai, <frama. link/1ssp2Fd->.

IMPERIAL COLLEGE (2020), « Impact of non-pharmaceutical interventions to reduce COVID-19 mortality and healthcare demand », 16 mars.

JENNY Frédéric (2020), « Economic resilience, globalization and market governance : facing the Covid-19 test », *CEPR Press*.

JORDÀ Òscar, SINGH Sanjay R. et TAYLOR Alan M. (2020), « Longer-run economic consequences of pandemics », *CEPR Press*.

KARLSON Nils, STERN Charlotta et KLEIN Daniel B. (2020), « La stratégie suédoise contre les coronavirus sera bientôt celle du monde. L'immunité collective est la seule option réaliste, la question est de savoir comment s'y rendre en toute sécurité », *Foreign Affairs*, 12 mai.

KAY John et KING Mervyn (2020), *Radical Uncertainty. Decision Making for an Unknowable Future*, The Bridge Street Press, Londres.

KECK Frédéric (2020), *Les Sentinelles des pandémies. Chasseurs de virus et observateurs d'oiseaux aux frontières de la Chine*, Zones sensibles, Paris, juin.

KELLY Jemima et COOKSON Clive (2020), « Politicised nature'of lockdown debate delays Imperial report. Neil Ferguson's team has sent modelling findings to government but not released them to the public », *Financial Times*, 23 mai.

KISSLER Stephen et *al.* (2020), « Projeter la dynamique de transmission du SRAS-CoV-2 pendant la période postpandémique », *Science*, n° 14, avril.

KLEIN Étienne (2020), *Je ne suis pas médecin mais…*, *Tract Gallimard*, n° 35, 31 mars.

KRUGMAN Paul (2020a), « Sympathy for the epidemiologists », *New York Times*, 5 mai.

– (2020b), « A post-modern slump », *New York Times*, 12 mai.

LALUCQ Aurore et COUPPEY-SOUBEYRAN Jézabel (2020), « La "monnaie hélicoptère" ou le désastre », *L'Obs*, 30 mars.

LATOUR Bruno (2020), « Imaginer les gestes barrières contre le retour à la production d'avant crise », *Revue AOC*, 29 mars.

LE MONDE (2020a), « 2011-2017, la mécanique du délitement », 8 mai.

– (2020b), « 2017-2020, l'heure des comptes », 8 mai.

– (2020c), « En France, le Covid-19 aurait contaminé moins de 5 % de la population, loin de l'immunité collective », 14 mai.

LEIJONHUFVUD Axel (1968), *On Keynesian Economics and the Economics of Keynes*, Oxford University Press, Oxford.

LIST Friedrich (1841), *The National System of Political Economy*, trad. anglaise par Sampson S. Llyod [1885].

LUCE Edward (2020), « It's the end of globalism as we know it (and I feel fine) », *Financial Times*, 8 mai.

MAECHLER Sylvain, PERTICONE Yannick, SOBRINO PIAZZA Jimena et DAMIAN Michel (2020), « La transition socio-écologique sera-t-elle la grande oubliée de la relance post-Covid ? », *The Conversation*, 2 avril.

MALLABY Sebastien (2020), « The age of magic money. Can endless spending prevent economic calamity ? », *Foreign Affairs*, 29 mai.

MANKIEW Gregory (2020), « A skeptic's guide to modern monetary theory », *AEA Papers and Proceedings 2020*, vol. 110, p. 141-144.

MARTY Frédéric (2020), « La concentration du pouvoir économique », GREDEG, mai.

MARTY Frédéric et KIRAT Thierry (2018), « Les mutations du néolibéralisme américain quant à l'articulation des libertés économiques et de la démocratie », *Revue internationale de droit économique*, vol. 32, n° 4, p. 471-498.

MARX Karl et ENGELS Friedrich (1852), *Le 18 Brumaire de Louis Bonaparte*, rééd. Mille et Une Nuits, Paris, 1997.

MÉDA Dominique (2020), « Penser l'après : seule la reconversion écologique pourra éviter la déshumanisation du travail », *The Conversation*, 8 mai.

MICHEL Jean-Dominique (2020), « Anatomie d'un désastre », *Blogs Mediapart*, 7 mai, <frama. link/aVWkyoH1>.

MICHEL Sandrine, VALLADE Delphine (2007), « Une analyse de long terme des dépenses sociales : vers un indicateur synthétique de développement des hommes », *Revue de la régulation*, n° 1, juin.

MINSKY Hyman (1986), *Stabilizing an Unstable Economy*, Mac Graw Hill, New York.

MISTRAL Jacques (2019), *La Monnaie au XXIe siècle*, ronéotypé.

MOULIER-BOUTANG Yann (2007), *Le Capitalisme cognitif. La nouvelle grande transformation*, Éditions Amsterdam, Paris.

MUSGRAVE Richard (1959), *Theory of Public Finance*, McGraw-Hill, New York.

NELSON Richard et WHITE WINTER Sidney (1985), *An Evolutionary Theory of Technical Change*, Belknap Press, Cambridge.

OCDE (2020), *Perspectives économiques de l'OCDE. Rapport intermédiaire sur le coronavirus : l'économie mondiale menacée*, 2 mars.

OFCE (2020), « Évaluation au 30 mars de l'impact économique de la pandémie de Covid-19 et des mesures de confinement en France », *Policy Brief*, n° 65, 30 mars.

Orléan André (1990), « Contagion et effets de mode sur les marchés financiers », *Quaderni*, n° 12, p. 95-102.

Padilla Jorge et Petit Nicolas (2020), « Competition policy and the Covid-19 opportunity », *Concurrence*, n° 2, p. 1-5.

Pasquale Frank A. (2018), « Tech platforms and the knowledge », *American Affairs*, vol. 2, n° 2, p. 3-16.

Payne Sebastian (2020), « Coronavirus : the hidden health costs of the UK lockdown », *Financial Times*, 26 avril.

Pech Thierry et Richer Martin (2020), « La révolution du travail à distance », *Terra Nova*, 30 avril.

Petit Nicolas (2020), *Big Tech and the Digital Economy. The Moligopoly Scenario*, Oxford University Press, Oxford.

Pettis Michael (2020), « China's economy can only grow with more state control not less. Beijing's repeated pledges to shrink the state are both empty and impossible », *Financial Times*, 26 avril.

Pichler Anton *et al.* (2020), « Production networks and epidemic spreading : how to restart the UK economy ? », *preprint ArXiv*, 22 mai, <frama. link/sLyXaNpH>.

Piketty Thomas (2020), « Il faudra demander un effort aux plus aisés », *France Info*, 27 mai, <frama. link/7Cn9SZa3>.

Piketty Thomas, Alvaredo Facundo, Chancel Lucas, Saez Emmanuel et Zucman Gabriel (2018), *Rapport sur les inégalités mondiales 2018*, Seuil, Paris.

Philippon Thomas (2019), *The Great Reversal. How America Gave Up on Free Markets*, Harvard University Press, Cambridge.

Pollin Jean-Paul (2011), « Le dérapage des dettes publiques en question, un essai d'inventaire », *Revue économique*, vol. 62, n° 6, p. 981-1000.

Ponsot Jean-François et Marie Jonathan (2020), « Relance économique : sommes-nous vraiment tous devenus keynésiens ? », *The Conversation*, 9 juin.

Programme des Nations unies pour le développement (PNUD) (2019), *Rapport sur le développement humain 2019*, New York,

Quinet Émile (2013) « Évaluation socioéconomique des investissements publics », *Rapport du Commissariat général à la stratégie et à la prospective*, septembre.

Rambachan Arhesh, Kleinberg Jon, Ludwig Jens et Mullainathan Sendhil (2020), « An economic perspective on algorithmic fairness », *AEA Papers and Proceedings 2020*, vol. 110, p. 91-95.

Rasul Imran (2020), « The economics of viral outbreaks », *AEA Papers and Proceedings 2020*, vol. 110, p. 265-268.

Reungoat Emmanuelle, « Les difficultés d'implantation d'un parti souverainiste en France (1992-2009) », *Les Cahiers Irice*, vol. 4, n° 2, 2009, p. 113-128.

Revue de la régulation (2014), « Renouveler la macroéconomie postkeynésienne ? Les modèles stock-flux cohérent et multi-agents », n° 16, automne, <frama. link/ABtoWaQ0>.

Roché Sébastien (2020), « Dans sa réponse au coronavirus, notre exécutif survalorise la surveillance et la punition », *Le Monde*, 4 juin.

Rouban Luc (2020), *La Démocratie représentative est-elle en crise ?*, La Documentation française, Paris.

Sandbu Martin (2020), « German court has set a bomb under the EU legal order. Its ruling on the ECB's bond-buying program is misguided and ill-timed », *Financial Times*, 5 mai.

Saint-Bonnet François (2020), « Covid-19, le discours guerrier est une erreur », *Le Figaro*, 15 avril.

Sansonetti Philippe (2009), *Des microbes et des hommes*, Fayard, Paris.

– (2020), « Covid-19 ou la chronique d'une émergence annoncée », *Conférence au Collège de France*, 30 avril, <frama. link/b_zYxVhZ>.

Schama Simon (2020), « Plague time : what history tells us », *Financial Times*, 10 avril.

Sen Amartya (1999), *Development as Freedom*, Oxford University Press, Oxford.

– (2020), « A better society can emerge from the lockdowns. History shows some crises lead to improved equality and access to food and healthcare », *Financial Times*, 5 avril.

Sevastopulo Demitri et Polito James (2020), « White House to seek up to $850bn stimulus package. Trump administration pursues a more aggressive response to economic impact from Covid-19 », 17 mars.

Sibony Olivier (2020), « Le trilemme du déconfinement, ou comment résoudre un problème insoluble », *Linkedin*, 12 avril.

Simon Herbert (1982), *Models of Bounded Rationality. Behavioral Economics and Business Organization*, The MIT Press, Cambridge.

– (1983), *Reason in Human Affairs*, Stanford University Press, Stanford.

Sitbon Xavier (2020), « Krach boursier : la baisse amplifiée par les trackers ? », *Le Revenu*, 30 mars.

Slama Serge (2020), « État d'urgence : "loi de 1955" *versus* état d'urgence sanitaire, une contamination des libertés par la logique d'exception ? », *YouTube*, 27 mars, <frama. link/LKty36ys>.

Streeck Wolfgang (2014), *Buying Time. The Delayed Crisis of Democratic Capitalism*, Verso, Londres.

Tirole Jean (2020), « Quatre scénarios pour payer la facture de la crise », *Les Échos*, 2 avril.

The Conversation (2020a), « Comment la France compte-t-elle ses morts ? », 5 avril.

– (2020b), « Covid-19 : comment une stratégie de doubles tests permettrait de sortir du confinement et de relancer l'économie », 13 avril.

– (2020c), « Débat : le savant et le politique en 2020, un attelage de fortune ? », 6 mai.

The Economist (2020), « A dangerous gap. Financial markets have got out of whack with the economy », 9-15 mai.

Théret Bruno (1997), « Méthodologie des comparaisons internationales, approches de l'effet sociétal et de la régulation : fondements pour une lecture structuraliste des systèmes nationaux de protection sociale », *L'Année de la régulation*, vol. 1, p. 163-228.

Tooze Alan (2020), « Onde de choc », *London Review of Books*, vol. 42, n° 6, 16 avril.

Verdugo Gregory (2020), « The Covid-19 passport and the risk of voluntary infection », *Blog OFCE*, 5 mai, <frama. link/E8UhE_fE>.

Vespignani Alenssandro et *al.* (2020), « Modelling Covid-19 », *Nature Review Physics*, 6 mai.

Weaver Courtney (2020), « US graduates in crisis : "Entry level jobs are not safe at all" », *Financial Times*, 28 mai.

White House (2020), *Economic Report of the President together with the annual Report of the Council of Economic Advisers*, février.

Wolf Martin (2020), « The virus is an economic emergency too. As borrowers and spenders of last resort, governments must act now to avert a depression », *Financial Times*, 17 mars.

Xiao-Guang Yue *et al.* (2020), « Risk management analysis for novel coronavirus in Wuhan, China », *Journal of Risk and Financial Management*, vol. 13, n° 2, p. 1-6, février.

Yunus Muhammad (2020), « La crise due au coronavirus nous offre la possibilité de tout reprendre à zéro », *Le Monde*, 6 mai.

Zacharie Arnaud (2020), *Mondialisation et national-populisme. La nouvelle grande transformation*, Le Bord de l'eau, Lormont.

Zuboff Shoshana (2019), *The Age of Surveillance Capitalism*, Profile Book, Londres.

Table

CPI
FIRMIN-DIDOT
27650 Mesnil-sur-l'Estrée

Composition Facompo, Lisieux.
Achevé d'imprimer par CPI Firmin Didot
à Mesnil-sur-l'Estrée (Eure).
Dépôt légal du 1er tirage: octobre 2020
Suite du 1er tirage (2) : octobre 2020
Numéro d'imprimeur : 160695
Imprimé en France